현장적용을 위한
미술치료 프로그램과 진행

현장적용을 위한
미술치료 프로그램과 진행

유 미 지음

이담
Books

머리말

　최근 미술치료에 대한 관심이 증가하면서 미술치료사가 되기 위해 입문하는 사람들이 꾸준히 늘어나고 있다. 미술치료사가 되기 위해서는 심리학, 정신의학, 특수교육 등 미술치료에 필요한 기본적인 이론을 습득하는 것도 중요하겠지만, 미술활동에 대한 다양한 체험 그리고 이와 더불어 풍부한 임상실습과정 및 그에 따른 꾸준한 슈퍼비전 비전이 필요하다.

　임상실습은 미술치료사 자격을 취득하기 전 미술치료사로서 미술치료현장에서 직접 미술치료를 진행하는 과정으로, 치료사로 활동하기에 앞서 가장 중요한 단계라고 말할 수 있다. 대부분 이론과정에 대한 이수가 끝나고 이를 바탕으로 임상실습에 들어가게 되는데, 대다수의 예비 치료사들이 미술치료 진행에 많은 어려움을 보인다. 필자 역시도 이 과정에 많은 어려움이 있었다. 프로그램의 사용, 미술매체의 선택, 미술치료를 진행하는 방식 등….

　그런 경험이 있었기에 현장에서 미술치료사가 되기 위한 학생들의 슈퍼비전을 시작하면서 학생들에게 가장 필요한 것은 미술치료 진행에 대한 지침서가 아닐까 하는 생각을 하게 되었다. 그리고 이런 생각에서 조심스럽게 이 책을 출간하게 되었다.

　이 책은 미술치료사가 되기 위해 입문과정에 있는 예비 미술치료사들이 효과적으로 미술치료를 진행할 수 있도록, 50여 개의 미술치료 프로그램 및 그에 따른 진행방식을 몇 가지 주제로 나누어 소개하고 있다. 미흡하기는 하지만 미술치료를 시작하는 학생

들에게 조금이나마 보탬이 되었으면 한다.

　이 책에 소개된 프로그램들은 미술치료사들에게 잘 알려진 프로그램들도 있지만, 대부분은 필자의 임상실습에서 창안된 프로그램들이다. 그리고 여기에는 다른 많은 치료사분들의 도움이 있었다. 항상 현장에서 함께 애써 주시는 미술치료사 이숙희 선생님, 천지혜 선생님께 지면을 빌려 감사의 말을 전한다.

　특히 제2장 '자신감을 키우는 프로그램'에 소개된 '염색기법'은 이숙희 선생님이 Y정신병원 여자 폐쇄병동에서 3개월간 진행했던 프로그램이었는데, 이 프로그램은 정신장애인들의 직업재활로서 미술치료가 활용될 수 있는 새로운 장을 만들어 주어 높은 평가를 받고 있다. 염색을 전공하신 이숙희 선생님이기에 가능했던 프로그램이었다. 다시 한 번 이숙희 선생님의 노고에 감사를 표한다.

　이 책에 소개된 프로그램은 특별한 참고문헌이 없다. 대부분 10여 년간 현장에서의 필자의 경험을 그대로 다루어 집필하였기 때문이다. 또한 사례집이라기보다는 프로그램과 진행과정을 소개하였기 때문에 소개된 임상사례에 대한 궁금증이 있으리라 생각된다. 필자 역시 이 부분에 아쉬움이 남지만 이 책의 활용도를 감안할 때 한 가지의 사례에 집중하는 것보다는 포괄적인 개념으로 소개하는 것이 이 책을 읽는 독자들이 융통성 있게 현장에 적용할 수 있지 않을까 하는 생각에 사례에 대한 자세한 내용은 생략하였다. 이 점 독자들의 양해를 부탁드린다.

미술치료사들을 위해 집필된 책이라 소개하였지만, 여기 수록된 프로그램들은 일반 미술시간에서도 활용할 수 있는 활동들로 구성되어 있다. 미술교육기관 및 유아교육 기관 등 관련 기관 종사자 분들에게도 많은 도움이 되리라 생각한다.

　강의 현장이나 슈퍼비전 시간에 늘 하는 이야기지만 이론적 지식도 물론 중요하지만, 현장 체험만큼 중요한 것은 없는 것 같다. 이론이 현장에서 그대로 적용되지 못하는 경우가 많기 때문이다. 이 책을 읽는 독자들 역시 이 점에 유의하여 이 책을 활용하였으면 한다.

　끝으로 항상 나를 믿고 지켜봐 주시는 사랑하는 가족들, 특히 날 위해 매일 기도해 주시는 외할머님, 늘 치료적 조언을 아끼지 않으시는 용인정신병원 신동근 선생님, 이용석 선생님, 책의 집필에 작품사진을 실을 수 있도록 허락해 주신 내담자 및 보호자 분들, 책의 교정을 맡아 주신 이달님 선생님과 책의 편집을 위해 애써 주신 한국학술정보(주) 여러분께 감사의 말씀을 전하며, 언제나 내게 큰 힘을 실어 주는 사랑하는 딸 민재에게도 고마움과 사랑의 인사를 전한다.

　늘 바쁘고 힘든 시간 속에서도 제게 건강과 이 모든 것을 허락하시는 하느님께 감사의 말씀을 올립니다.

2010년 5월 15일 수지연구소에서

목차 CONTENTS

PART 01

미술치료의 진행

Part 01

미술치료의 진행

　미술치료를 진행하기 위해선 여러 가지 계획이 필요하다. 미술치료의 계획은 미술치료를 효과적으로 수행하기 위한 첫 단계이며, 전체 과정에서 가장 중요한 위치를 차지한다(정여주, 2003). 효과적인 미술치료를 위해선 세밀한 계획이 필요하고 이에 따라 치료가 시작되지만, 그 계획이 항상 원칙적으로 적용되는 것은 아니며 환자(내담자)의 상황에 따라 유동적으로 변화될 수 있다. 따라서 치료사의 경험 및 융통성 있는 태도가 요구된다.

　또한 미술치료에는 다양한 매체와 프로그램이 적용되는데, 이 모두가 내담자(환자)에게 용이한 것은 아니며, 대상자의 현 수준에 따라 변형되어 적용된다. 이 장에서는 미술치료 진행에 필요한 기본적인 사항들을 다루고자 한다.

1. 미술치료의 계획

1) 미술치료의 대상

　미술치료의 대상은 유아, 아동, 청소년, 성인, 노인으로 구분할 수 있다. 대부분 미술치료 대상자는 병원에서 어떤 진단을 받고 위임되거나, 정신과 방문에 대한 사회적 편견 때문에 그 대안으로 찾아오는 경우, 유·아동의 경우 선천적 장애로 인한 문제개선과 정서적 안정을 위한 예방적 차원에서 방문하는 예가 많다.

　또한 청소년이나 성인, 노인의 경우 우울증, 불안증 및 스트레스와 같은 정신과적 질환으로 인한 방문이 많다. 미술치료의 대상자를 간략하게 분류하면 장애아동 미술치료, 아동·청소년 미술치료, 성인 및 노인 미술치료, 정신질환자 미술치료 등으로 나눌 수 있지만 그 분류에 명확한 경계가 있는 것은 아니다.

　최근에는 국가적 지원 아래 다문화 가족, 새터민 가족, 저소득층 자녀, 소년소녀가장 등을 위한 다양한 미술치료 지원 사업이 실시되고 있다. 이러한 지원 사업은 주로 1~4회기의 단기프로그램으로 진행되는 경우가 많지만 경우에 따라 1년 이상의 장기프로그램으로 이어지기도 한다.

　이 외에도 말기 암환자, 약물이나 알코올 및 마약중독자, 재소자, 군인(군부대 부적응 병사) 등을 위한 미술치료 등 점점 그 범위가 확대되고 있다.

2) 미술치료의 형태

미술치료는 환자(내담자)의 특성과 현 수준(감정 및 신체적·정신적 기능상태) 및 흥미 등에 따라 적절한 미술치료의 기법을 적용시켜야 한다.

미술치료는 참여하는 대상자의 수에 따라 개인미술치료와 집단미술치료로 분류할 수 있으며, 집단치료에는 가족치료 및 부부치료도 포함된다. 또한 기간에 따라 단기치료와 장기치료로 나눌 수 있는데 그 기간에 대해서는 정확하게 분류되지 않고 있다. 장기 치료는 몇 년이 될 수도 있고 단기 치료의 경우 일주일에 몇 회를 하게 될 수도 있으며, 어떤 미술치료(특정한 프로젝트를 위한)는 하루 동안 이루지기도 하며, 그 목표는 크게 변화된다.

(1) 개인미술치료

개인미술치료는 치료대상자(환자/내담자)와 미술치료사 간에 1:1로 미술치료가 진행되는 것을 말하며, 대체로 주 1~2회로 실시되며 시간은 45~50분 정도가 적당하다 (그러나 간혹 어떤 대상자의 경우는 더 짧게 진행되기도 한다.). 아동의 경우 미술치료 외에 부모상담이 요구되며, 별도로 지속적인 부모교육이 진행되는 것이 바람직하다고 볼 수 있다.

치료 중도에 작품을 끝내는 것은 좋지 않으며, 회기가 종결되기 이전에 작품을 정리할 시간을 주는 것이 좋다.

개인미술치료의 진행은 심리치료의 이론적 접근에 근거하여 진행되지만, 한 가지 이론을 고집하기보다는 통합적 접근을 통해, 치료효과를 높이는 것이 효과적이라 할 수 있다.

(2) 집단미술치료

집단미술치료는 집단심리치료에 미술활동을 도입한 것으로 일반적으로 8명 정도가 적당하며 주 1회, 90분~2시간 정도로 진행된다. 주로 집단 내의 '나'의 모습을 알아 가고, 사회적 상호작용 및 대인관계 개선을 위한 목적으로 실시된다. 집단미술치료는 집단의 한 일원으로서 개인적인 책임을 지며, 치료자와 환자(내담자), 집단 상호 간의 교류를 통찰하고 자신을 객관적으로 시각화할 수 있다는 것이 큰 장점이라 말할 수 있다. 집단치료에서는 집단 내 상호작용을 유발할 수 있는 치료사의 역할이 요구되며, 위축이나 자신감이 결여되어 있는 집단 내에서는 치료사의 적절한 격려와 지지가 필요하다.

3) 목표설정

미술치료의 목표는 이론적 바탕을 기반으로 대상자의 현 문제나 집단구성원에 따른 분포(개인치료, 집단치료, 가족치료, 부부치료 등)에 따라 달라질 수 있으며, 가장 최적의 상태는 치료사와 환자(아동의 경우 보호자도 포함)의 목표점이 같을 때이다. 또한 환자(내담자)의 치료가 단기치료냐 장기치료냐에 따라 목표에 대한 단계 설정도 변화된다.

미술치료를 위한 일반적인 목표는 다음과 같이 설명할 수 있다(정여주, 2003).

- 환자(내담자)를 내적 치유와 내적 성장으로 나아가게 한다.

- 문제를 받아들여 다루고 극복하는 능력을 기른다.

- 자기 내면과 대화하게 하여, 무의식에 잠겨 있던 문제나 기억들을 의식화한다.

- 창의적 경험을 통하여 내적 풍요로움과 융통성 있는 사회적 관계를 맺는다.

- 자아를 통제하고 자기통합을 돕는다.

- 균형 있는 삶으로 나아가게 한다.

- 자기 정체성과 자신감과 사회적 통합을 가능하게 한다.

4) 미술치료실의 환경

미술치료실은 개인이 운영하는 미술치료실과 복지관 내 미술치료실, 병원 내의 미술치료실 등으로 구분되어 있지만, 미술치료실 외에 다른 용도로 함께 사용되는 경우도 많다. 때에 따라서는 미술치료 과정이 야외에서 이루어지기도 한다.

미술치료실이 기본적으로 갖추어야 할 조건들은 다음과 같다.

- 미술치료실은 환자(내담자)에게 편안하고 안정감을 줄 수 있어야 한다.

- 재료는 쉽게 찾을 수 있도록 진열대에 배치하도록 한다.

- 통풍이 잘되고 될 수 있으면 자연광이 들어올 수 있도록 하며, 커튼이나 블라인드로 자연광을 조절할 수 있도록 한다. 적절한 조명기구의 선택도 필요하다.

- 물을 쉽게 사용할 수 있도록 세면대가 설치되어 있는 것이 좋다(될 수 있으면 냉·온수를 모두 사용할 수 있는 것이 좋다.).

- 벽과 바닥은 편안한 색채로 하고, 바닥은 미끄러움을 방지할 수 있거나 충격이 적은 재질로 선택한다.
- 장애아동을 위해 문턱을 없애고 평면으로 한다(휠체어 사용이 쉽도록 한다.).
- 작업대는 넓고, 모서리는 둥근 것이 좋으며, 작업대와 의자의 높이는 연령대를 생각하여 높이 조절이 가능한 것이 좋다.
- 필요에 따라서는 엎드려서 작업할 수 있는 공간이 필요하며, 특히 뇌성마비와 같은 신체장애인의 경우 움직이는 동작이 크므로 넓은 공간이 요구된다.
- 환자(내담자)가 재료를 자유롭게 선택할 수 있도록 개방된 재료선반이 필요하다.
- 음악을 들을 수 있는 시스템이 되어 있으면 도움이 된다.
- 작업을 보관할 수 있는 보관실을 구비한다.
- 벽면은 작업한 것을 전시할 수 있도록 미리 설계되어 있으면 좋고, 이젤을 구비하여 작업에 사용하거나 전시 때 사용할 수 있도록 한다.
- 모든 시설은 환자(내담자)의 안전을 고려하여 선택한다.

그림 1) 이젤은 그림을 그릴 때 사용할 뿐 아니라 전시 목적으로도 사용된다. 이젤에 그림을 그리는 것은 아동으로 하여금 자신감과 흥미를 유발하도록 하는 효과가 있다.

그림 2) 미술치료실에는 점토 작업물이 마를 때까지 안전하게 보관할 수 있는 설치대 및 그림을 쉽게 걸 수 있는 시설을 갖추는 것이 좋다.

그림 3) 재료의 배치는 쉽게 찾을 수 있도록 배치한다.

그림 4) 치료실 내부는 자연채광이 들어올 수 있도록 한다.

5) 미술치료 과정

미술치료 과정을 크게 구분하면 초기, 중기, 후기 단계로 나눌 수 있다. 각 단계에 필요한 사항을 간단히 살펴보면 다음과 같다.

(1) 초기 단계

초기 단계는 미술치료의 전체 과정을 풀어 나갈 수 있는 첫 단추에 해당된다(정여주, 2003). 환자(내담자)가 미술치료실에 첫발을 디디는 순간부터 환자가 보였던 행동, 표정, 대화 등은 환자의 치료에 중요한 정보를 줄 수 있으며, 치료사는 이 상황을 주의 깊게 관찰하는 자세가 필요하다.

- 치료사는 환자(내담자)에 대한 정보를 상세하게 파악할 수 있어야 한다.
- 환자(내담자)가 그리는 그림의 패턴을 이해하도록 한다.
- 초기 과정에는 환자(내담자)에 대한 정보를 얻기 위해 그림 진단이 실시될 수 있다.
- 초기 과정에는 치료사와 환자(내담자) 간의 신뢰관계 형성이 매우 중요하다.
- 치료사와 환자(내담자)와의 '치료적 동맹[1]'이 이루어진다.
- 치료 상황에 대한 녹음 및 녹취 등에 대한 동의를 얻는다(동의서 작성 할 것).
- 환자(내담자)에게 동기유발을 줄 수 있도록 다양한 시도를 한다.

---

1) 치료에 참여하는 사람과 치료사 간의 신뢰와 목표를 달성하기 위해 양쪽 모두 전력을 다하는 것을 의미하며, 미술치료에서의 치료적 동맹의 성공은 치료사의 접근 방법이 치료로서의 미술작품 제작에 대한 내담자의 필요와 목표에 얼마나 부합되느냐에 달려 있다(Malchiodi, 2000).

• 아동의 경우 사전에 부모와의 면접이 이루어져야 한다.

동의서 양식

내담자명:

동의인명:

주민등록번호:

주소:

연락처:

상기 본인은 동의서 내용을 충분히 이해하고 다음의 사항에 동의할 것을 약속합니다.

1. 치료사와 결정한 치료시간을 엄수하도록 합니다.
2. 내담자의 사정으로 치료시간에 참석하지 못한 경우에는 늦어도 이틀 전에는 통보할 것을 엄수합니다.
3. 본인은 치료 과정에 대한 비디오, 사진 및 녹음 등을 허락합니다.
4. 본인은 미술치료시간에 그룹 혹은 개인별로 만든 미술작품을 치료사의 교육, 연구, 출판 등 학술연구 목적하에 사용할 수 있음을 허락합니다(단 내담자에 대한 개인적인 정보를 가명으로 제시할 것을 치료사(   )로부터 약속받았습니다.

년   월   일 서명

(2) 중기 단계

중기 단계는 치료사와 환자(내담자)가 신뢰관계를 형성하여 구체적인 미술활동에 들어가는 시기로 환자(내담자)는 자신의 문제 해결에 적극적으로 노력하게 된다.

- 치료사의 변함없는 관심과 배려가 필요하며, 환자를 전폭적으로 지지하고 이해하며 수용할 수 있어야 한다.
- 중기 단계는 치료사의 계획보다는 환자 스스로 주도해 나가는 경향이 많아지므로 치료사의 계획이 수정될 수 있다.
- 환자는 자신의 한계를 수용하게 되며, 자신에 대한 인식이 확장되고 고통을 극복할 수 있는 힘이 생긴다.

(3) 후기 단계

후기 단계는 치료사가 세운 목표가 이루어지는 시기로 환자와 치료사는 종결이 다가옴을 인식하게 된다. 이 단계는 자신에게 집중되기보다는 실질적이고 사회적인 면에 관심을 보이며 자신의 삶을 책임질 수 있는 새로운 국면을 맞이하게 되는 변화의 시기이다(Peterson, 2000/정여주, 2003).

- 치료사는 환자(내담자)가 현실세계에 적절하게 대응하고 극복할 수 있는 능력을 키우도록 배려한다.
- 치료사는 치료종결을 환자(내담자)에게 알려 주어야 한다. 치료의 종결을 두려워하는 환자(내담자)를 위해선 치료 횟수를 점차적으로 줄여 나가는 방법을 선택하

기도 한다.

6) 미술치료 과정에 대한 기록과 평가

미술치료에 대한 과정을 기술하고 평가하는 것은 환자(내담자)의 상태를 파악하고 치료하는 데 매우 중요하며 다음 단계를 위한 자료가 된다. 미술치료 과정을 기록하는 과정은 치료사가 치료 과정 중 간단히 메모를 하거나 녹화 혹은 녹취를 하는 경우가 있으며 어떤 방법을 선택하든 간에 다음과 같은 사항을 기본으로 기록하여야 한다.

(1) 회기별 기록

　① 전체 사항

　　•환자 이름

　　•병명 및 주 호소사항(증상)

　　•일시 및 회기

　　•장소 및 시간

　　•주제 및 기대효과

　　•재료

　　•대상(개인, 집단, 가족, 부부 치료 중 선택하여 표시한다.)

　　•참여자: 치료사, 감독자, 실습생, 보조자, 및 의료진 등

　　•미술치료 계획안: 전체목표와 회기에 따른 세부목표를 기록한다(전체목표 및 전체계획안은 앞면에 부착하도록 한다.).

② 주요 기록사항

• 치료 상황의 분위기 및 앞 회기와의 비교 후의 변화(행동 및 그림양식의 변화 등)

• 출석 여부 및 참여 후의 적극성 정도

• 미술치료 과정상에 나타난 환자의 반응 및 치료사, 집단원들에 대한 반응

• 작업결과에 대한 기록(작품에 대한 서술 및 작품에 대한 환자의 반응)

• 치료사의 평가: 미술작품에 대한 평가 및 개인의 행동과 작품결과에 대한 평가

미술치료회기기록

1) 미술치료의 전체 목표

병동이라는 제한된 공간에서 생활하는 환자들에게 미술치료를 통하여 내재화된 자신의 감정과 느낌을 자유롭게 표현하고, 이러한 활동을 통해 지루한 병동생활에서 오는 스트레스를 해소하고, 타인을 이해하도록 돕는 데 목적을 둔다.

2) 전체 사항

장소	폐쇄병동 내 요법실	일시/회기	2004. 10. 28(오전 10:00~11:00)/ 31회기
주제	벽에 걸고 싶은 그림 그리기	재료	5절도화지, 시트지(원목무늬)크레파스, 파스텔, 색연필, 연필, 볼펜
참석자	의료급여 환자 6명	진행/참관자	유미/김○○, 간호사 1人, 관찰자 1人, 주치의 1人(치료의 시작과 종료 시 보조 역할을 함)
진행	① 환자들에게 액자틀이 만들어져 있는(원목 시트지를 붙인) 5절지를 보여 주고 생각나는 것들을 물어본다. ② 환자들의 이야기를 들어 본다. ③ 빈 벽에(입원실의 벽은 대부분 비어 있음) 혹시 걸어 두고 보고 싶은 그림이 있냐고 물어본다. ④ 환자들의 이야기를 들어 본다. ⑤ 떠오르는 그림이나 이미지 등을 종이 위에 표현하도록 한다. ⑥ 완성된 그림을 벽에 붙인 후 감상하면서 그림에 대한 이야기를 나누어 본다(그림들 중에서 자신이 가지고 가고 싶은 그림에 대해서도 이야기해 본다.).		

3) 참석자 정보

이름	증상	미술치료 작업 중 환자의 행동
임○○ (女/47)	정신분열 (우주, 외계, 종교에 대한 망상)	자신이 강박당할 일을 했다면서 걱정하면서 그림을 그렸음. 아침에 울었지만 그림을 그리고 기분이 괜찮아졌다고 이야기함. 오늘은 안경을 썼다 벗었다 반복하는 모습이 자주 관찰됨. 항상 그렇지만 내내 진지한 모습, 타인의 그림에 대해 칭찬 많음. 액자틀의 종이를 보자 자신의 그림을 가지고 가면 안 되겠냐고 물어보기도…. 다른 때보다 더 적극적인 모습 보임.
신○○ (女/48)	정신분열	말없이 차분히 그림만 그림. 무언가 골똘히 생각하며 작업.
정○○ (女/51)	정신분열	이런저런 이야기로 치료실 분위기를 재미있게 만들어 감(치료사에 대한 칭찬을 함.). 다른 회기에 비해 완성도가 높았음.
주○○ (女/39)	정신분열 (입원 전 상습방화)	타인의 그림에 관심 없음. 가장 많은 작업 시간을 요함. 작업의 집중도가 매우 높음. 파스텔 사용 시 짜증을 내기도….
최○○ (女/43)	정신분열 고립된 성격, 말 없음	회기 중 화장실을 가는 습관 있음. 항상 연필이나 볼펜을 사용. 관절이 아파선지 조금 괴로워하는 모습 보임. 그러나 치료에는 적극적으로 참여.
서○○ (女/32)	정신분열증 환시, 환청 심함 사물을 의인화	작업을 일찍 끝내고 지루해하는 모습 관찰됨. 주제를 이야기하자 거침없이 작업함. 타인의 작업에 관심 많이 보임.
이○○ (女/43)	정신분열증 에로틱한 망상	매우 피곤해 보였으며, 색칠하기가 힘들다고 이야기함. 그러나 다른 회기에 비해 완성도 높았음.

임○○

신○○

최○○

주○○

서○○

정○○

이○○

4) 작업 과정, 결과 및 치료자로서의 느낌

회기가 진행되기 전 환자들과 치료진은 한 주 동안 있었던 일과 오늘의 기분에 대해 간단하게 이야기를 나눈다(이 과정은 그날 환자의 컨디션을 알 수 있어서 많은 도움이 되는 것 같다.). 이번 회기는 '액자틀'이라는 조건이 작용을 해선지 환자들의 작업 완성도가 높았던 것 같다(환자들은 이번 회기의 작업을 각자 가지고 가면 안 되냐는 질문을 많이 했다.). 이 세팅의 환자들은 보호병동 환자들 중 인지기능이 높은 편에 속하고 이미 30회기 이상 치료에 참여해 왔기 때문에 역동적으로 치료에 참여한다. 환자들의 대부분이 치료 초기에는 주어진 주제에 대해 필요 이상으로 많이 생각하거나 작업 시작에 어려움을 느껴 치료진에게 의지하는 태도를 많이 보였다. 치료 중기에는 치료진에게 친밀감을 형성하려는 듯(작업 중 치료자 신상에 관한 질문을 하거나, 과한 칭찬을 하는)한 태도를 보이며 치료 과정보다는 그 외의 것에 더 관심이 있는 듯 보였지만 회기가 지날수록 미술치료에 큰 의미를 두고 자신의 작업에 대해 많은 관심을 갖고 적극적으로 참여하는 자세를 보여 주었다(예외로 주○○의 경우는 초기에서 지금에 이르기까지 거의 변화가 보이지 않는 환자이다.). 이번 회기 역시 환자들은 각자의 감정과 느낌들을 자유롭게 표현해 주었다(임○○의 경우는 개인적 사정으로 불안함을 조금 보이기도 했지만). 특히 작업이 끝난 후 자신과 타인의 작업에 대해 이야기를 나누는 모습은 초기와 비교해 볼 때 큰 변화를 보여 주는 것 같다(환자들은 작업 과정과 더불어 이 시간을 무척 활기 있게 진행시킨다.).

PART 02

미술치료 프로그램

Part 02

미술치료 프로그램

　미술치료 프로그램은 치료사가 내담자(환자)의 치료목표를 무엇에 두느냐에 따라 변화될 수 있다. 예를 들어 심한 스트레스로 학습능력이 떨어지고 이로 인해 말수가 적어지고 대인관계에 대해 어려움을 느끼는 등 학교에서 부적응 행동을 보이는 아동이 있다고 하자. 미술치료사 A는 스트레스를 풀어 주는 것을 목표로 이완작업이나 발산 작업을 택할 수 있을 것이다. 그러나 미술치료사 B는 그 스트레스의 원인을 파악하기 위한 분석 작업을 시행할 수도 있다. 물론 여기에는 아동의 상황에 따른 주제를 설정하고 이에 맞춰 아동이 가진 욕구나 억압된 갈등들을 분출할 수 있도록 돕는 작업도 병행될 것이다. 그러나 미술치료사 C는 학교 안에서의 부적응 행동을 줄이기 위한 방안으로 아동이 자신감을 찾을 수 있도록 학습능률을 올릴 수 있는 프로그램을 시도해 볼 수도 있을 것이다. 이 모든 것보다는 집단의 적응을 우선적으로 생각하는 미술치료사 D는 대인관계 능력 향상을 목표로 설정하여 집단활동(협동작업)을 프로그램으로 선택할 수도 있다.

　이 장에서는 이러한 목표설정에 맞춰 미술치료 프로그램을 크게 5가지 목표로 분류하여 소개하였다. 물론 내담자를 위한 치료는 여기의 어느 한 가지 방안을 선택하는 것보다는 내담자에게 가장 도움이 되는 요소들을 절충하여 통합적인 방법으로 진행하는 것이 치료에 효과적이라 말할 수 있다. 여기 수록된 프로그램 역시 분류는 하였으나 다른 치료적 접근을 포함하고 있기도 하다. 그렇기에 분류된 프로그램들은 치료사의 진행방식에 따라 각기 다른 목표로 진행될 수도 있다는 것 역시 염두에 두었으면 한다.

1. 자아 찾기 프로그램

미술치료 과정에서 실시되는 모든 프로그램은 모두 자신의 진정한 모습을 탐색하고, 찾아가는 과정이라 설명할 수 있다. 그것이 개인치료가 되었든 집단치료가 되었든 결국 치료 과정 안에서 얻어지는 치료효과는 개인에 초점이 맞춰지며(집단의 변화와는 구별되는), 내담자 또한 그런 과정 안에서 자신에 대한 깨달음을 통해 새로운 삶을 자신의 선택에 의해 살아갈 수 있게 된다.

많은 프로그램들 안에서도 특별히 개인의 여러 가지 측면을 알아 갈 수 있도록 만들어진 프로그램들이 있다. 이 프로그램들은 미술치료사들에게는 '자기 치유적 경험'으로서 미술치료사가 되기 위해서 꼭 경험해야만 하는 교육과정의 한 형태이기도 하다.

자아 찾기 프로그램 중 몇몇은 치료사, 혹은 집단 간의 신뢰감 형성에 꼭 필요하여 필수적으로 진행되는 것도 있지만, 어떤 프로그램은 자신을 노출하는 데 어려움이 많은 내담자들에게는 힘겨운 과정이 될 수도 있다. 그러나 이러한 프로그램은 진정한 자신을 찾아가기 위한 것으로, 미술치료 과정의 핵심이라고 말할 수 있다.

필자가 자주 사용하는 자아 찾기 프로그램들을 소개하면 다음과 같다.

1) 이름 꾸미기

주로 미술치료 첫 회기에 많이 사용되는 프로그램이다. 개인치료에서는 내담자가 치료사에게 이름과 관련된 자신의 여러 가지 생각들을 이야기하게 되고 치료사는 이를 통해 내담자가 자기 자신에 대해 갖고 있는 다양한 감정들을 접하게 된다. 집단치료에서는 집단원들에게 자신을 소개하는 과정이 포함된다. 치료사뿐만 아니라 같이 치료에 동참한 내담자들과의 신뢰감 형성에 꼭 필요한 과정이라 말할 수 있다. 자신에 대해 부정적인 감정을 가지고 있는 내담자들에게는 조금 힘든 과정이 될 수도 있지만, 치료사의 적절한 진행 방식을 통해서, 혹은 아래 제시되어 있는 몇 가지 응용 프로그램을 통해서 비슷한 과정을 끌어낼 수 있다.

(1) 목적
치료 초기의 낯섦, 어색함 감소. 자기 자신의 존재감 및 정체감 인식

(2) 재료
도화지, 크레파스, 매직, 사인펜, 물감, 색종이, 가위, 풀 등 여러 가지 재료

(3) 미술치료의 진행
"자신의 이름을 예쁘게 꾸며 봅시다. 자유롭게 원하는 대로 꾸며 보세요. 혹시 자신

의 이름을 사용하기 싫다면 별명을 쓰셔도 상관없습니다. 자신을 소개할 수 있도록 주어진 공간을 예쁘게 꾸며 주세요."

인지기능이 낮아 작업이 어려운 집단에서는 치료사가 이름 쓰기를 도와줄 수도 있다. 혹은 자음, 모음 형태의 모양을 미리 준비하여 내담자가 자신의 이름을 완성하도록 유도해 볼 수 있다. 이와 더불어 치료사도 개인 혹은 집단에서 자신을 소개할 수 있는 시간이 필요하다. 첫 시간만큼은 치료사도 작업에 직접 참여하여 자신을 소개하고, 미술활동에 대한 저항감을 없애고 내담자들과의 라포 형성을 이룰 수 있도록 최선을 다한다. 첫 시간을 어려워하는 내담자들을 위해서 몇 가지 완성작품을 제시할 수도 있다. 단, 한 가지보다는 다양한 작품을 감상할 수 있도록 하여 어떤 하나의 패턴만을 고집하지 않도록 주의한다.

(4) 작업 후 질문
• 작업하는 과정 중 어떤 느낌이 들었나?
• 표현하고 싶은 대로 되었나? 어떤 부분이 가장 어려웠나?
• 작업결과가 맘에 드는가? 어떤 부분이 가장 맘에 드는가? 혹은 마음에 들지 않는가?
• 내 이름이 마음에 드는가?
• 혹 바꾸고 싶은 이름은 있는가? 바꾸고 싶다면 어떤 이름으로 바꾸고 싶은가? 그 이름으로 바꾸고 싶은 이유는 무엇인가?
• 형제, 자매 중 가장 맘에 드는 이름은? 그 이유는 무엇인가?
• 이름 때문에 마음이 상했던 적은 있었나? 그때 어떤 생각이 들었나?

• 내 이름이 자랑스럽다고 생각된 적은 있었나?

- 집단에서 실시될 때 추가사항

• 다른 집단원과 비슷한 경험이 있는가?

• 어떤 작품이 가장 맘에 드는가?(지목된 집단원에게 그 느낌을 묻도록 한다.)

• 작품이 제각기 다른 느낌이 드는 이유는 무엇이라고 생각하는가?

• 작품 감상 후 느낌은 어떠한가?

• 다시 작업하고 싶은 생각이 있는가? 있다면 그 이유는 무엇인가?

• (과정에 대한 집단원과의 이야기가 끝나고) 내 이름에 대한 생각이 변화하였나?

이 외에 치료 과정의 상황에 맞게 여러 가지 질문을 치료사가 추가하여 해 보도록 한다. 집단에서는 집단원 간에 원활한 피드백을 이룰 수 있도록 치료사가 유도한다.

(5) 임상사례작품

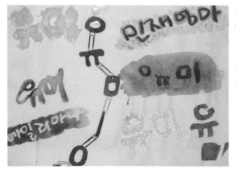

그림 5) 이름 꾸미기
(그림 5)는 필자의 작품이다. 필자는 이 작업에서 살아가는 동안 불렸던 다양한 이름을 색다르게 표현해 보면서 내 이름과 관계하는 사람을 인식하고, 그들에게 나 자신이 소중한 사람이라는 것을 깨닫게 되었다. 또한 그러한 인식은 나의 인생의 전환점을 맞는 중요한 계기가 되었다.

(6) 응용 프로그램

이름으로 작업하기가 곤란하다면 다음과 같은 프로그램으로도 진행할 수 있다. 그리기가 곤란하다면 잡지책을 이용한 콜라주 등을 시행할 수 있다. 기본적인 질문은 '이름 꾸미기'의 기본질문들을 응용하도록 한다.

• 별명 그리기

살아오면서 자신에게 붙었던 별명들을 떠올리고, 그리고 그와 관련된 이야기를 나누도록 한다.

• 나를 표현할 수 있는 것

자신을 표현할 수 있는 것들을 떠올려 보고 그림을 그리거나 여러 가지 재료로 만들어 본다. 자신의 표현에 대해 이야기 나눈다.

그림 6) 나를 표현할 수 있는 것(여/33세)
자신이 거친 들판에 버려져 있는 것처럼 힘들지만 황금달걀처럼 귀중한 가치가 있다는 생각에서 표현한 작품(모형달걀에 금색 락카를 뿌려 완성하였다.). 이러한 활동은 자신에 대한 긍정적인 사고와 자신감을 갖도록 만든다. 내담자 역시 작품결과에 큰 만족감을 보였다.

• 우드락을 이용한 이름 도장 만들기(유·아동 혹은 그 수준의 인지기능을 가진 개인 혹은 집단에서 실시)

우드락에 이름을 쓰고 뾰족하게 깎은 나무젓가락을 이용하여 이름을 따라 구멍을 낸다. 이때 이름은 거꾸로 쓰도록 한다(판화처럼 반대로 찍히므로). 아크릴 물감을 롤러에 묻혀 완성된 우드락 판 위에 문지른 뒤 재빨리 종이에 찍어 낸다.

2) 자화상 그리기

자화상 그리기는 미술치료의 진행에 있어 빠지지 않는 프로그램으로 실시되고 있다. 자기 자신에 대한 부정적인 감정을 가진 내담자의 경우 쉽게 접근하기가 힘들어서 치료 초기보다는 중기 이후에 실시하는 것이 바람직하다. 자신의 모습을 기억나는 대로 그리는 경우도 있고 혹은 거울을 보고 현재의 모습을 사실적으로 표현하는 경우도 있다. 전자의 경우는 일반적인 자신의 모습을 이미지화하도록 하며, 후자의 경우는 자기애적인 성향이 강하거나 현실 검증력이 떨어지는 경우, 혹은 인지기능이 낮은 집단에서 사실적인 묘사나 시각적인 자극을 통해 내담자의 현실 검증력이나 인지기능을 상승시키는 목적으로 실시된다.

인지기능이 낮은 집단에서는 내담자의 특징적인 모습을 치료사가 지적해 주어서(직접적으로 해 주기보다는 관찰에 대한 결과를 묻는 방식을 통해) 내담자가 자신의 모습에 대한 (혹은 인물에 대한) 일반적인 인지가 가능하도록 도와주며 진행한다.

(1) 목적
자기 인식의 증가, 자신의 내적 상황 투영

(2) 재료

도화지, 크레파스, 물감, 4B연필 등 여러 가지 드로잉 재료

(3) 미술치료의 진행

"자신의 얼굴을 그려 봅시다. 잘 그리는 것을 보는 것이 아니니 부담 갖지 말고 그려 보도록 하세요."

―거울을 보고 사용하는 경우에는―

"거울을 통해 자신의 얼굴을 보도록 합시다. 어떤 느낌이 드나요? 자 그럼 이제부터 거울 속에 보이는 자신의 모습을 그려 보도록 합시다. 될 수 있으면 눈에 보이는 것들 (점, 주름 등)을 모두 그려 보도록 합시다."

진행 도중, 그리기 어려워하는 내담자들에게 격려와 지지를 빼놓지 않도록 한다. "너무 잘 그렸다."는 등의 과한 칭찬이 가는 말은 조심하는 게 좋다. 그런 표현보다는 "느낌이 좋다."라는 말이 바람직하다. 자신을 그리는 것을 거부하는 내담자들이 치료실을 나가는 경우도 있다. 이런 경우는 다른 작업을 하도록 유도할 수 있고, 혹은 다른 집단원의 그림을 감상하고 작품에 대한 피드백에 동참하게 하는 것도 좋은 방법이 될 수 있다. 단 집단원의 반응에 주의하도록 한다.

⑷ 작업 후 질문

• 주제를 들었을 때 어떠했나?

• 작업하는 과정 중 어떤 느낌이 들었나?

• 표현하고 싶은 대로 되었나? 어떤 부분이 가장 어려웠나?

• 작업결과가 맘에 드는가? 어떤 부분이 가장 맘에 드는가? 혹은 마음에 들지 않는가?

• 내 얼굴을 보고 생각나는 사람이 있는가? 나는 스스로 어떤 사람이라고 생각하는가?

• 나는 누구를 가장 많이 닮았나?(닮은 사람이 있다면) 그것이 마음에 드는가? 맘에 든다면, 혹은 맘에 들지 않는다면 그 이유는 무엇인가?

• 내 얼굴에서 가장 마음에 드는 곳은 어디인가? 가장 마음에 들지 않는 곳은 어디인가? 각각의 이유는 무엇인가?

• 혹 고치고 싶은 부분이 있는가? 고치고 싶은 이유는 무엇인가?

• 일부러 표현하지 않은 부분은 있었나? 그 이유는 무엇인가?

• 오늘만큼 내 얼굴에 대해 깊이 생각해 본 적이 있었나? 그 느낌은 어떠했나?

－ 집단에서 실시될 때 추가사항

• 다른 집단원과 비슷한 생각을 한 경험이 있는가?

• 자신을 가장 닮게 그린 사람은 누구인가?

• 자신을 가장 자신 있게 표현한 사람은 누구인가?

• 작품 감상 후 느낌은 어떠한가? 다른 집단원의 얼굴을 보고 어떤 생각과 느낌이

들었나? 그 느낌에 대한 본인(당사자)의 생각은 어떤가?

• 자신의 얼굴을 다시 그리고 싶은 생각이 드는가? 있다면 그 이유는 무엇인가?

• (과정에 대한 집단원과의 이야기가 끝나고) 내 얼굴에 대한 생각이 변화하였나?

이 외에 치료 과정의 상황에 맞게 여러 가지 질문을 치료사가 추가하여 해 보도록 한다. 집단에서는 집단원 간에 원활한 피드백을 이룰 수 있도록 치료사가 유도한다.

(5) 임상사례작품

그림 7) 자화상(여/51세)
51세의 정신분열증환자가 그린 자화상. 8세 때의 자신의 모습을 그렸다. 환자는 유일하게 학교를 다녔던 시기가 초등학교 입학 후 일주일이었으며, 이후 가정형편이 어려워 학교를 다닐 수 없었다며 배움에 대한 아쉬움을 드러냈다. 그림은 초등학교 시절을 그리워하는 환자의 심정을 잘 나타내고 있다.

(6) 응용 프로그램

• 자소상 빚기(일반 점토, 천사토, 칼라 점토 등을 이용한다.)로 진행할 수 있다. 기본질문은 자화상 그리기와 동일하게 사용한다. 부조와 환조 두 가지로 작업할 수 있으며, 환조 작업에서는(특히 인지기능이 낮은 집단에서는) 전면, 측면, 후면에 대한 설명을 빼놓지 않고 하도록 한다.

그림 8) 자소상(여/45세)
점토로 자신의 얼굴을 빚는 것은 자화상을 그리는 것보다 더 감각적인 것을 요구한다. 이 과정은 손과 눈의 협응 및 소근육의 발달 관찰을 통한 작업에서 집중력과 표현력을 증대시킨다. 기능적인 측면에서는 정신장애인들에게 유용한 작업이 되며, 일반인에게는 자신의 현재를 돌아보고 자신에게 집중하게 되는 프로그램이라 할 수 있다. (그림 8)은 45세의 정신분열증환자가 빚은 현재 자신의 모습.

3) 감정사전 만들기

喜怒哀樂(희로애락)과 관련된 자신의 경험을 작은 책을 만들어 그 속에 자신의 여러 가지 감정을 표현하는 프로그램이다. 개인에게도 유용하지만 특히 집단 속에서는 비슷한 감정들에 의해 공감대를 형성하거나 격려와 지지를 얻을 수 있어 더 효과적이라 말할 수 있다. 자신의 개인적인 감정을 밖으로 노출시키는 프로그램이므로 치료사나 집단 간에 신뢰감이 형성되었을 때 실시하는 것이 바람직하다.

(1) 목적
감정 표출을 통한 자신의 감정 수용, 타인에 대한 이해 및 공감대 형성

(2) 재료

도화지, 크레파스, 매직, 사인펜, 물감 등 여러 가지 드로잉 재료

(3) 미술치료의 진행

"오늘은 자신의 여러 가지 경험들을 그림으로 표현하여 작은 책으로 만들어보려 합니다. 누구나 살면서 여러 가지 사건을 접하게 됩니다. 그리고 그것을 느끼는 감정들도 다양하지요. 기쁨(즐거움), 슬픔, 화남에 대한 자신의 기억들을 이 책 속에 그려 보도록 합시다. 혹시 구체적인 형상을 그려내기 어렵다면 자신이 생각하는 간단한 이미지, 혹은 색상을 표현하셔도 됩니다."

인지기능이 낮아 그리는 작업이 어려운 집단에서는 사진이나 잡지책 등을 통한 콜라주를 이용하여 여러 가지 상황에 대한 감정들이 자신에게 어떤 느낌으로 다가오는지 질문해 볼 수 있다.

(4) 작업 후 기본질문

• 작업하는 과정 중 어떤 느낌이 들었나?
• 더 표현하고 싶은 감정, 혹은 경험이 있는가?
• 기억하고 싶지 않은 경험은 아니었나?
• 힘든 순간 가장 큰 힘이 된 사람은 누구인가?
• 그 사건들로 인해 아직도 풀리지 않은 감정들이 존재하는가?
• 그 감정들은 나만 겪은 것이었나? 아니면 누구와 함께였나?

- 그 사건(감정)들과 지금 현재의 나와는 어떤 연관성이 있는가?

- 나와 같은 감정들을 느낀 사람을 보았을 때 나는 어떻게 하였나?

- 각각의 감정에 대해 생각나는 사람은 누구인가?

- 힘든 경험에 대해(다시 같은 일을 겪게 된다면 나는 어떻게 대처할 것인가?)

- 지금 나에게 가장 도움이 된 사건(감정)은 어떤 것이라 생각되는가?

– 집단에서 실시될 때 추가사항

- 다른 집단원과 비슷한 경험을 한 적이 있는가?

- 다른 사람의 경험들을 비교해 볼 때 어떤 경험이 그 감정 중 가장 우위라 생각되는 가?(예: 가장 슬프다고 생각되는 것, 가장 기쁠 거라 생각되는 것, 가장 화가 난다고 생각되는 것)

- 작품 감상 후 느낌은 어떠한가?

- 나는 집단원들의 경험(감정)에 대해 공감할 수 있었나? 그 경험에 대해 해 주고 싶은 말이 있는가?

- (과정에 대한 집단원과의 이야기가 끝나고) 내 경험들에 대한 생각이 변화하였나?

이 외에 치료 과정의 상황에 맞게 여러 가지 질문을 치료사가 추가하여 해 보도록 한다. 집단에서는 집단원 간에 원활한 피드백을 이룰 수 있도록 치료사가 유도한다.

(5) 작품사례

그림 9) 감정사전 만들기 − 哀(여/39세)
정신분열증환자의 작품. 슬픔에 대한 감정. 입원하기 위해 무거운 가방을 들고 정신병원에 들어가는 자신의 모습을 표현하고 있다. 환자는 장기 입원해 있는 자신에 대한 슬픔과 면회를 자주 오지 않는 부모에 대한 섭섭한 감정을 그림을 통해 이야기하고 있다. 가방이 무척 무거워 보인다.

그림 10) 감정사전 만들기 − 怒(남/10세)
자신이 가장 화가 났을 때의 감정을 나타낸 작품. 아동은 학교에서 친구들에게 놀림 받았을 때의 분노를 표현하고 있다. 이러한 작품은 결과보다 과정 하나하나에 집중하는 것이 좋다. 아동은 자신의 분노를 마음껏 표출하며 스트레스를 해소하고 있다.

그림 11) 감정사전 만들기 − 樂(여/10세)
두 명의 동생을 둔 이 아동은 제일 맏이기에 늘 동생들을 배려하고 양보해야만 한다. 그림은 엄마와 놀이터에서 함께 그네를 타는 장면을 가장 큰 즐거움으로 표현한 것이다. 그림에는 추억과 함께 엄마의 관심과 사랑을 받고 싶은 아동의 소망이 담겨 있는 듯하다.

(6) 응용 프로그램

감정에 대한 주제접근이 너무 어렵거나, 회피하는 환자(내담자)가 있다면 다음과 같은 프로그램을 시행할 수 있다. 비슷한 내용을 이끌어 낼 수 있다.

• 내가 좋아하는 것과 싫어하는 것 그리기

• 감정과 관련된 단어에 대해 표현하기

  (우울, 행복, 분노, 즐거움, 슬픔, 사랑 등의 단어는 어떤 그림으로 표현할 수 있을까? 그리고 각각의 표현과 관련된 나의 경험은 어떤 것이 있을까? 생각해 보고 이야기 나누는 시간을 갖는다.)

• 감정과 관련된 여러 가지 표정

그림 12) 내가 좋아하는 것(여/7세)
이 주제는 그려진 대상과 자신과의 관계를 알도록 해 준다. 그림은 엄마에 대한 사랑과 관심을 받고 싶은 마음을 나타내고 있다. 사랑이 가득한 집, 쿠키, 딸기 등 그림은 가정의 따뜻함과 사랑을 느끼게 한다. 치료적 접근이 아니더라도 아동을 이해하기 위한 프로그램으로 유용한 주제라 할 수 있다.

그림 13) 여러 가지 표정들(여/55)
정신분열증환자가 그린 감정과 관련된 표정들. 좌측은 자신의 결혼식 때 행복한 모습, 우측은 아들을 낳을 때의 기쁨을 표현하였다. 집단치료 안에서는 이런 감정에 대한 공감, 이해를 통해 서로를 이해하고 배려하는 맘을 기르도록 한다. 그림은 행복한 모습과는 거리가 있어 보인다. 이는 정동의 장애가 있는 환자들 그림의 특징이기도 하다.

4) 생의 파노라마

자신의 지나온 삶을 돌아볼 수 있게 하는 작업으로서, 주로 자신의 기억 속에 강하게 각인된 상황이 그려지게 된다. 개인치료에서는 치료사와의 1:1 상담으로 각각의 상황에 따른 여러 감정들을 이야기하고 그것과 현재의 연관성을 통해 자신을 인식해 나갈 수 있다. 집단에서는 자신의 인생경험을 집단 안에서 이야기함으로써 서로 비슷한 부분에 대해 공감대를 형성할 수 있고, 이로써 타인을 이해하고, 배려하게 되며, 서로 격려와 지지를 해 줄 수 있게 된다. 경우에 따라서는 조언과 질책이 오갈 수 있기도 하다. 개인은 이러한 집단의 반응 속에서 자신을 반성하고, 자신의 왜곡된 부분을 수정해 가는 소중한 기회를 얻을 수 있다.

(1) 목적

자신의 삶에 대한 회상을 통한 자기인식의 증가, 정체성 발견, 타인에 대한 이해 및 배려

(2) 재료

도화지, 크레파스, 매직, 사인펜, 물감 등 여러 가지 드로잉 재료

(3) 미술치료의 진행

"잠시 음악을 들으면서 어린 시절부터 지금에 이르는 시간들을 회상해 봅시다(잠시 회상하는 시간을 갖도록 한다.). 어떤 일들이 떠오르나요? 각자 떠오른 여러 가지 사

건(상황)들을 시간의 흐름에 맞게 차례대로 그려 봅시다. 그림을 구체적으로 그리기 어렵다면 그 상황에 맞는 자신만의 이미지를 사용하셔도 괜찮습니다. 자유롭게 표현해 주세요. 혹시 미래에 대한 표현을 하고 싶다면 이어서 그려도 좋습니다."

내담자의 나이에 맞춰 연령대를 구분지어 활동을 진행할 수도 있다(예: 0~5세, 5~10세, 10~15세 등 그 연령대에 속하는 기억들을 그리도록 한다.).

(4) 작업 후 기본질문
- 작업하는 과정 중 어떤 느낌이 들었나?
- 어떤 부분이 가장 어려웠나?
- 기억하고 싶지 않은 부분을 그리지는 않았나?
- 혹 떠오르는 일들이 있지만, 회피하고 싶어 그리지 않은 부분은 없었나?
- 나의 형제, 자매들은 나와 비슷한 상황을 표현할 것이라 생각되는가?
- 그려진 그림들과 지금 나와는 어떤 관련이 있다고 생각되는가?(부정적 측면과 긍정적 측면에 대해 모두 이야기해 본다.)
- 미래에 대한 느낌은 어떠한가?

– 집단에서 실시될 때 추가사항
- 다른 집단원과 비슷한 경험이 있는가?
- 다른 집단원의 작품을 감상한 느낌은 어떠한가?
- (위의 질문에 대해) 작업 후 각각의 그림들을 감상하면서 작품을 제작한 집단원의

이미지들이 변화하였나?

- (과정에 대한 집단원과의 이야기가 끝나고) 내 회상에 대한 현재의 생각이 혹시 변화하지는 않았나?
- 집단원에게 해 주고 싶은 말은 있는가?

이 외에 치료 과정의 상황에 맞게 여러 가지 질문을 치료사가 추가하여 해 보도록 한다. 집단에서는 집단원 간에 원활한 피드백을 이룰 수 있도록 치료사가 유도한다.

(5) 작품사례

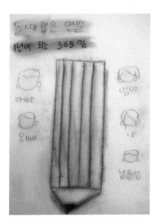

그림 14) 1세의 기억(여/32세)
"돌 때 내가 연필을 잡았다고 엄마가 얘기해 주셨어요." 실제로 기억하고 있지는 못하겠지만 어머님께서 해 주셨던 말의 기억을 통해 자신의 유아시절을 그림으로 나타낸 정신분열증환자의 그림. 어머니의 사랑에 대한 기억과 가족에 대한 그리움이 엿보인다.

그림 15) 초등학교 시절의 기억(여/36세)
초등학교 시절 겨울의 모습을 담은 반사회적 인격 장애 환자의 작품. "그 시절에는 눈이 많이 왔어요. 한번 오면 2m 넘게 왔죠. 그림은 눈보라처럼 그려졌지만 그날은 날씨가 화창한 날이었고, 사실 눈사람을 동생과 만들었지만 귀찮아서 보내 버렸어요."
어떤 점이 동생을 귀찮도록 만들었을까? 그러면서도 특별히 환자가 이 모습을 기억하는 이유는 무엇일까? 치료사는 작품을 통해 다양한 측면에서 환자를 바라보고 이해할 수 있다.

그림 16) 중학교 시절의 기억(여/42세)
"중학교 때 학교에서 집으로 돌아온 모습이에요. 그림을 거꾸로 보면, 꼭 꿈속을 보는 것 같은 느낌이 들어요." 정신분열증으로 장기 입원 하고 있고, 사회와 단절된 환자로서는 꿈 많던 학창시절의 자신이 어쩌면 꿈속의 사람처럼 느껴질지도 모른다. 미술치료 과정은 이러한 자신의 생각과 느낌을 이야기 나누고 서로 공감하고 이해할 수 있는 대화의 장이 될 수 있도록 이끌어 간다.

그림 17) 고등학교 시절의 기억(여/43세)
"고등학교 시절 그때 전 공부를 잘했지만 공부를 안 했어요. 공부하는 게 싫어서 X표시를 했어요. 그때 나는 매우 남자 같았었어요. 여성스러워지고 싶어서 원 안에 꽃을 그렸어요. 옛날에 저는 아주 못됐었어요. 그걸 그린 거예요." 정신분열증환자의 그림의 특징에는 형태를 단순화, 도식화시키는 경향이 있다.

그림 18) 30대 시절(현재)의 기억
"전, 아빠가 면회 오실 때가 가장 기억에 남아요. 들고 계신 봉투에는 아빠가 제게 주려고 사 오신 것(먹을 것)이 들어 있어요."
정신분열증으로 장기 입원하고 있는 환자는 늘 혼자 사시는 아빠를 그리워한다. 양손에 딸에게 주기 위해 음식을 가득 담아 들고 있는 아버지의 모습과 아버지 팔을 잡고 있는 환자의 모습에서 따뜻한 부녀간의 사랑을 느낄 수 있다.

⑹ 응용 프로그램

• 인생의 그래프 그리기

• 나의 앨범 만들기

기억나는 장면들을 그리고 조그만 책자를 만들어 사진 앨범을 만들어 본다. 만든
후에는 앨범의 제목을 붙여 보고 이야기 나눈다.

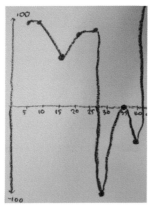

그림 19) 인생의 그래프 그리기(여/43세)
보통 0을 기준으로 자신이 살아왔던 과거를 느끼는 자신의 감정
상태를 그래프로 나타내는 프로그램이다. 이는 단순히 과거의
감정이 아닌 현재 느끼는 자신의 삶에 대한 평가이므로 시간이
지나면 변화될 수 있는 모습이기도 하다. 자신이 현재 인식하는
자신의 모습을 바라보고 이해할 수 있도록 한다. 또한 작업결과
를 통한 집단원과의 토론은 부정적인 측면을 긍정적으로 변화할
수 있는 계기를 만들어 주기도 한다.

그림 20) 나의 앨범 만들기(남/35세)
만성 정신분열증환자가 그린 작품. 좌측 상단은 미래의 아
들, 우측 상단은 자신의 어머니, 좌측 하단은 어머니가 늘
주시던 사과, 우측 하단은 아버지의 모습을 그렸다. 그의 앨
범은 자신의 소망(결혼에 대한 소망)과 부모님에 대한 사랑
을 담아 놓은 듯하다.

5) 최초의 기억 그리기

(1) 목적

초기기억을 통한 자신의 무의식 세계 투영, 유년의 초기 기억이 현재 자신에게 미치는 영향을 인식

(2) 재료

도화지, 크레파스, 매직, 사인펜, 물감, 파스텔 등 여러 가지 드로잉 재료

(3) 미술치료의 진행

"오늘은 아주 오래된 곳으로 시간여행을 하려 합니다. 조금은 기억하기 어려울 수 있지만 잠시 명상을 하면서 떠올리도록 해 봅시다. 태어나서 기억하는 최초의 일들은 어떤 것이었을까요? 어떤 사람은 어머니 뱃속에서 태어나는 순간을 기억하고 있다고 말하는 사람도 있습니다. 2, 3살이 될 수도 있고 혹은 6살 혹은 더 지나서일 수도 있겠죠. 잠시 눈을 감고 생각하는 시간을 가져 보겠습니다. 그리고 떠오르는 장면을 그려 주세요."

생각나지 않는 부분에 너무 집착하지 않도록 하며, 기억된 부분들이 타인의 기술에 의해 기억된 것인지 자신의 기억인지 구분하도록 한다. 간혹 돌발 상황이 있을 수도 있다. 필자의 경우 워크숍 진행 중 교통사고로 인해 사고 전의 기억을 모두 상실했던 참여자를 만난 경우가 있었다. 초기 기억에 대한 답답함을 호소하는 내담자에게는 힘들었던 과정이었다. 예

기치 못한 상황들에 대해 어떻게 대처해야 하는가 의 문제는 전적으로 회기를 진행하는 치료사의 몫이다. 이를 위해선 역시 풍부한 임상 경험이 요구된다.

(4) 작업 후 기본질문

• 작업하는 과정 중 어떤 느낌이 들었나?

• 그린 장면은 내게 좋은 감정이었나? 그렇지 않았나? 각각의 이유는 무엇이었나?

• 기억하고 싶지 않은 부분을 그리지는 않았나?

• 그림의 장면에서 나는 어떤 역할을 했나?(주체 혹은 참석 혹은 바라만 보는 사람이었나?)

• 초기 기억에 등장하는 인물은 가족이었나, 그렇지 않았나?

• 그려진 그림들과 지금 나와는 어떤 관련이 있다고 생각되는가?(부정적 측면과 긍정적 측면에 대해 모두 이야기해 본다.)

– 집단에서 실시될 때 추가사항

• 다른 집단원의 작품을 감상한 느낌은 어떠한가?

• (위의 질문에 대해) 작업 후 각각의 그림들을 감상하면서 작품을 제작한 집단원의 이미지들이 변화하였나?

• 집단원들의 기억에 대해 각각 하고 싶은 말이 있는가?

• 최초로 기억된 때가(연령이) 집단원에 비해 빨랐나? 혹은 느렸나? 그 이유는 무엇이라고 생각하는가?

이외에 치료 과정의 상황에 맞게 여러 가지 질문을 치료사가 추가하여 해 보도록 한다. 집단에서는 집단원 간에 원활한 피드백을 이룰 수 있도록 치료사가 유도한다.

(5) 작품사례

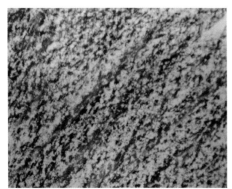

그림 21) 최초의 기억 그리기(여/31세)
"정확히 기억이 나는 건 아니지만 엄마가 어릴 때 물에 빠져서 죽을 뻔했다고 말씀하신 적이 있어요. 그래선지 저는 물이 싫어요. 수영장도 싫고, 바다도 싫어요. 그런 기억 때문에 사람들과 어울려 물이 있는 장소를 갈 수가 없어서 불편해요. 미안하고요. 저도 제 아이와 물속에서 놀 수 있었으면 좋겠어요."

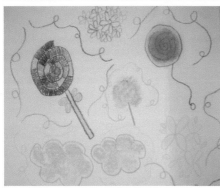

그림 22) 최초의 기억 그리기(여/19세)
"아주 어릴 적 기억 같지는 않지만, 늘 있던 기억이 나요. 아빠와 늘 소풍을 갔어요. 아주 어릴 때부터요. 너무 좋았던 기억이에요." 행동장애로 입원 중이던 여학생은 그림을 통해 자신의 순수했던 어린 시절을 그리워하며, 아버지의 사랑과 그에 대한 미안함을 이야기하면서 많은 눈물을 흘렸다.

6) 신체 본뜨기

현재의 자신에 대한 인식을 높일 수 있도록 도와주는 프로그램 중 하나이다. 큰 종이 위에 자신이 원하는 포즈를 취한 뒤 미리 정해진 파트너가 신체를 따라 선을 그려 주면, 그려진 신체 틀 안에 자신의 모습을 채워 가는 방법으로 미술치료 과정에서 빠지지 않고 진행될 만큼 중요한 프로그램이기도 하다. 간혹 종이 위에 누워 있는 포즈에 거부감을 느끼는 내담자들도 있지만, 대부분의 내담자들은 이전에 몰랐던 자신의 모습을 발견하는 이 활동에 많은 관심을 보인다. 인지기능이 낮은 내담자나 현실 검증력이 떨어지는 내담자, 아동의 경우 관찰력과 시각적 묘사력을 키우게 하기 위해 현재 자신의 모습을 관찰하여 그대로 묘사하도록 요구할 수도 있다.

완성된 작품을 통해 내담자는 자신의 신체를 들여다봄으로써 자신의 현 상황을 인식하고, 치료사 혹은 집단 간의 대화를 통해 이전에는 몰랐던 새로운 자신의 모습을 발견하게 되는데, 여기에는 치료사의 풍부한 경험이 요구된다.

(1) 목적
자기인식의 증가, 시각자극을 통한 묘사력 및 관찰력 증가

(2) 재료
전지, 크레파스, 매직, 사인펜, 물감, 색종이, 가위, 풀 등 여러 가지 재료

(3) 미술치료의 진행
"오늘은 자신의 신체를 본떠 그 안에 원하는 자신을 표현하려 합니다. 두 사람씩 한 조가 되어 한 사람이 이 종이 위에 누우면 또 다른 한 사람이 신체 모양을 따라 선을 그려 주면 됩니다. 원하는 대로 자유롭게 포즈를 취해 주세요. 선을 따라 그리는

작업이 끝나면 자신의 신체 틀 안을 원하는 대로 그려 주세요."

집단치료에서는 내담자의 수에 따른 넓은 공간이 필요하다. 한 사람씩 교대로 누워 선을 그리는 것은 한 사람에게 시선을 집중시키도록 하며, 이것은 간혹 프로그램을 거부하게 되는 원인이 된다. 또한 원하는 포즈가 나올 수 있도록 여유 있는 크기의 종이를 준비하도록 한다. 내담자가 바닥에 눕는 상황을 불편해하는 경우에는 벽면을 활용하도록 한다(개인의 경우 치료사가 신체 본을 떠 주도록 한다.).

묘사력을 요구하는 개인 혹은 집단의 경우(인지기능이 낮은) 치료사가 개입하여 신체 부분에 대한 모습을 이야기하며 진행할 수도 있다(예: 눈이 큰가요? 작은가요? 등을 물어 가며 그에 대한 대답을 통해 시각적 인지기능과 묘사력을 키우도록 한다.).

(4) 작업 후 기본질문

• 작업하는 과정 중 어떤 느낌이 들었나?

• 누워 있는 모습이 힘들지는 않았나?

• 파트너가(개인치료에서는 치료사) 자신의 신체 모양을 그려 줄 때 느낌은 어떠했나?

• 파트너에 대한 불만은 없었나?

• 표현하고 싶은 대로 되었나? 어떤 부분이 가장 어려웠나?

• 작업결과가 맘에 드는가? 어떤 부분이 가장 맘에 드는가? 혹은 마음에 들지 않는가?

• 지금 현재의 모습을 그렸나? 아니면 과거였나? 미래였나?

• 자신의 모습을 바라보는 현재의 느낌은 어떠한가?

- 집단에서 실시될 때 추가사항

•어떤 집단원의 작품이 현재의 모습과 가장 닮았다고 생각되는가? 반대로 가장 닮
 지 않은 작품은 어떤 것인가? 어떤 부분이 닮았고 그렇지 않은가?

•어떤 작품이 가장 맘에 드는가?(지목된 집단원에게 그 느낌을 묻도록 한다.)

•작품 감상 후 느낌은 어떠한가?

•다시 작업하고 싶은 생각이 있는가? 있다면 그 이유는 무엇인가?

•(과정에 대한 집단원과의 이야기가 끝나고) 자신의 신체에 대한 생각이 변화하
 였나?

이 외에 치료 과정의 상황에 맞게 여러 가지 질문을 치료사가 추가하여 해 보도록
한다. 집단에서는 집단원 간에 원활한 피드백을 이룰 수 있도록 치료사가 유도한다.

(5) 작품사례

그림 23) 집단 신체 본뜨기
이 작업은 개인에게는 자신에 대한 인식을 증가시키고 성찰하는 계기를 만들어 주기도 하지만 집단과
어우러졌을 때는 집단과의 화합을 이루게도 한다. 집단 속의 나를 알고, 함께 어울릴 수 있는 방법을
알아 가는 프로그램이라 할 수 있다.

(6) 응용 프로그램

• 내 신체의 고마움 표현하기(각각의 신체 부위에 자신의 신체에 대한 고마움을 표
  현해 본다. 자기 자신에 대한 부정적인 아동에게 유용한 프로그램이다.)

• 미래의 나의 모습 그리기

• 내가 되고 싶은 모습 그리기

그림 24) 내가 되고 싶은 모습(남/7세)
자신의 신체를 본뜬 뒤 자신이 되고 싶은 모습을
상상하여 그린 작품. 별과 달이 떠 있는 높고 푸
른 하늘에 자신이 반짝이는 왕관을 쓰고 웃으며
서 있다. 그 나이 아동들만이 가질 수 있는 환상
과 꿈이 엿보인다. 이러한 그림은 아동으로 하여
금 자신감과 꿈을 키울 수 있도록 한다.

7) 석고로 손 뜨기

이 작업은 신체 본뜨기와 마찬가지로 현재의 자신에 대한 인식을 높일 수 있도록
도와주는 프로그램이다. 손은 많은 의미를 담고 있다.

만남과 헤어짐의 인사, 자신이 계획한 일들(여러 가지 활동)에 대한 수행, 남을 위한
봉사, 때로는 타인에 대한 질책의 도구로, 때로는 약속의 상징적 의미로 사용된다. 이
처럼 손은 자신이 가진 여러 가지 계획(의식적)과 감정(무의식적)들과 함께하고 있으며,
개인의 기억과 경험을 그대로 지닌다. 이 작업은 자신이 직접 제작한 손을 통해, 개인이

가지는 여러 가지 생각이나 과거의 경험들을 생각할 수 있는 시간을 만들어 줌과 동시에 손에 대한 고마움(자신에 대한 고마움)도 함께 느낄 수 있는 의미 있는 작업이라고 말할 수 있다.

(1) 목적

자기인식의 증가, 자신에 대한 소중함 깨닫기

(2) 재료

석고붕대, 가위, 접시, 미지근한 물

(3) 미술치료의 진행

"석고붕대를 적당한 크기로 잘라 주세요. 손등에 사용될 것은 조금 넓게, 손가락에 사용될 것은 조금 좁게 잘라 주세요. 사용하지 않는 손을 테이블 위에 원하는 포즈를 취한 뒤 다른 한쪽 손으로 석고붕대 조각을 물에 묻혀 펴서 문지르도록 합시다. 문지를수록 부드럽게 완성됩니다. 그렇지 않으면 거칠게 나오겠지요. 원하시는 대로 해 주세요. 어느 정도 두께가 나오면 작업을 멈추고 석고가 마르기를 기다리는 동안 각자의 작업에 대한 여러 가지 느낌들을 생각해 보도록 합시다."

가위사용이 어려운 집단(정신분열증환자, 혹은 공격성이 심한 내담자의 경우)은 치료사가 미리 잘라 오도록 한다. 마르기 전에 손을 움직이면 석고가 부서지므로 움직이지 말고 인내하며 기다려야 한다는 사실을 알려 준다. 일정한 시간 움직이지 말아야 하므로 너무 어렵고 힘든 포즈는 피하도록 한다.

가족치료, 혹은 부부치료의 경우 가족 구성원이 서로 손을 떠 주도록 한다. 경우에 따라서는 집단에서도 파트너를 정하여 작업할 수 있다.

석고를 손에서 떼어내기 위해선 손등에서 바닥 쪽의 반만을 덮도록 하는 것도 잊지 말도록 한다.

(4) 작업 후 기본질문

• 작업하는 과정 중 어떤 느낌이 들었나?

• 표현하고 싶은 대로 되었나? 어떤 부분이 가장 어려웠나?

• 작업결과가 맘에 드는가? 혹은 마음에 들지 않는가? 그 이유는 무엇인가?

• 자신의 손이 마음에 드는가?

• 손에 대해 가장 고마운 점은 무엇인가? 소중함을 느낀 적은 있는가?

• 자신의 손을 위해서 하고 싶은 일이 있는가?

• 자신의 재주는 무엇인가?(손으로 하는 −)

• 다시 작업하고 싶은 생각이 있는가? 있다면 그 이유는 무엇인가?

• 자신의 손에 대한 느낌은 어떠한가?

• 석고가 마르기를 기다리는 동안 느낌은 어떠했나?

− 집단에서 실시될 때 추가사항

• 다른 집단원과 비슷한 경험이 있는가?

• 어떤 작품이 가장 맘에 드는가?(지목된 집단원에게 그 느낌을 묻도록 한다.)

• 작품이 제각기 다른 느낌이 드는 이유는 무엇이라고 생각하는가?

• 작품 감상 후 느낌은 어떠한가?

• 파트너가 있는 경우-서로의 작업이 맘에 드는가? 맘에 들지 않는가? 작업하는 동안 어떤 느낌이 들었는가? 상대에 대한 생각은 어떠한가?

인지기능이 낮은 집단에서는 작업이 끝난 후 작업결과를 함께 섞어 놓은 뒤 자신의 손을 찾는 게임을 하는 것이 재미있는 미술치료진행을 도울 수 있다. 관찰력과 집중력 등을 요하므로, 인지기능을 향상시키는 데 도움이 된다.

이 외에 치료 과정의 상황에 맞게 여러 가지 질문을 치료사가 추가하여 해 보도록 한다. 집단에서는 집단원 간에 원활한 피드백을 이룰 수 있도록 치료사가 유도한다.

(5) 작품사례

그림 25) 엄마와 나-1   그림 26) 엄마와 나-2

그림 25), 그림 26)은 애착관계에 문제가 있었던 5세 여아와 어머니(49세)가 함께한 작품이다. 늦은 나이에 아이를 얻게 된 어머니는 감정표현이 서툴고 맘 같지 않게 아이와 함께 어울리지 못해 아이는 마음에 상처를 입고 어머니에 대한 불신이 생겼다. 이 작업 과정은 각자의 손을 만드는 과정에서 서로 의지하고, 도와주고, 손을 문지르는 동안 서로에 대한 애착과 사랑을 확인하는 의미 있는 시간이 될 수 있다.

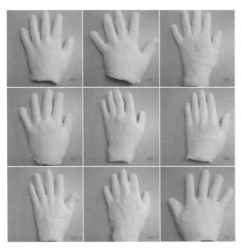

그림 27) 집단 석고 손 뜨기
만성정신분열증환자(남)들의 작품. 이 과정은
환자들에게 흥미와 집중을 유발하게 한다. 작
업이 끝난 뒤 비슷한 손 모양들 중에서 자신
의 손을 찾는 게임은 재미와 더불어 관찰력을
기르도록 한다. 작업 과정의 순차적인 계열성
과 마지막 게임 등의 내용은 인지기능이 낮은
집단의 미술치료에 많은 도움을 준다.

(6) 응용 프로그램

• 석고물로 손 뜨기

석고붕대로 작업하는 것이 힘들거나, 혹은 많은 피드백을 위해 작업시간이 단축되
는 것을 원하는 경우는 손이 담길 만한 틀에 석고가루를 물에 개어 부은 뒤 손을
담그는 방법도 비슷한 효과를 낼 수 있다. 이때 석고 물을 너무 많이 부으면 손이
모두 잠기므로 주의하도록 한다. 적당한 양의 석고를 사용하는 것도 잊지 않는다.

그림 28) 석고물로 손 뜨기(여/34세)
만성정신분열증환자의 작품. 환자는 손을 뜨는 동안 이전
에 비해 못생겨진 자신의 손을 발견하게 되었다고 말하며,
그동안 너무 고생을 해서 그렇게 된 것 같다고 설명했다. 그
렇지만 이 손으로 봉사활동도 하고 좋은 일을 많이 하고 싶
다고 덧붙여 말했다. 환자에게 이 작업은 매우 의미 있는 활
동이었다고 평가된다.

8) 석고붕대를 이용한 가면 만들기

이 작업은 신체 본뜨기나 석고 손 뜨기 작업과 마찬가지로 현재 자신에 대한 인식을 높일 수 있도록 도와주는 프로그램이지만, 자신에 대한 시각이 부정적일 때, 특히 자신의 외형적인 모습에 콤플렉스가 있는 내담자에게는 적용하기 어려운 작업이다. 그러나 이 작업은 자신의 모습과의 만남을 통해 자신의 내면을 돌아볼 수 있는 계기를 만들어 줌으로써 이전에 가졌던 자신의 부정적인 이미지를 긍정적으로 전환시켜 줄 수 있는 작업이기도 하다. 이를 위해선 치료사의 많은 경험이 필요하다. 치료 초기에는 적용하기 어려우며 중기 이후 가능하다.

(1) 목적
자기인식의 증가, 내적 투영, 자신의 내면과의 대화

(2) 재료
석고붕대, 바셀린, 가위, 접시, 미지근한 물

(3) 미술치료의 진행
"오늘은 자신의 얼굴을 이용해서 가면을 만들도록 하겠습니다. 두 사람씩 파트너를 정한 뒤, 서로의 얼굴을 석고붕대를 이용하여 뜨는 작업입니다. 먼저 석고붕대를 적당한 크기로 잘라 주세요. …석고를 얼굴에서 잘 분리시킬 수 있도록 얼굴에 바셀린을 충분히 발라 주세요. 얼굴에 석고붕대 조각을 물에 묻힌 뒤 펴서 문지르도록 합시다.

문지를수록 부드럽게 완성됩니다. 그렇지 않으면 거칠게 나오겠지요. 원하시는 대로 해 주세요. 어느 정도 두께가 나오면 석고가 마르는 동안 작업에 대한 여러 가지 감정들을 생각해 보도록 합시다. 마른 뒤 파트너의 얼굴도 같은 방식으로 작업해 보도록 하겠습니다."

　　힘들긴 하지만, 혼자 거울을 보면서 하는 경우도 있다. 작업 중 눈, 눈썹, 머리카락 등에 석고가 묻지 않도록 특별히 주의를 준다. 떼어낼 때 아플 수 있으므로 바셀린을 넉넉히 바르도록 한다.

(4) 작업 후 기본질문
- 작업하는 과정 중 어떤 느낌이 들었나?
- 원하는 모습대로 되었나? 그렇지 않은가?
- 작업결과가 맘에 드는가? 혹은 마음에 들지 않는가? 그 이유는 무엇인가?
- 내 얼굴이 마음에 드는가?
- 내 모습은 누구를 가장 닮았나? 어느 부분이 닮았나? 그것이 마음에 드는가? 그렇지 않은가?
- 나를 바라보는 내 느낌은 어떠한가?
- 가장 맘에 드는 곳은 어디인가? 그렇지 않은 곳은 어디인가?
- 다시 작업하고 싶은 생각이 있는가? 그 이유는 무엇인가?
- 작업이 끝나기를 기다리는 동안 느낌은 어떠했나?
- 파트너의 작업은 마음에 드는가?

석고 손 뜨기와 마찬가지로 인지기능이 낮은 집단에서는 작업이 끝난 후 작업결과를 함께 섞어 놓은 뒤 자신의 얼굴을 찾는 게임을 하는 것도 미술치료에 대한 집중과 호기심을 자극하여 진행을 도울 수 있다. 이 역시 관찰력과 집중력 등을 요하므로, 인지기능을 향상시키는 데 도움이 된다.

이 외에 치료 과정의 상황에 맞게 여러 가지 질문을 치료사가 추가하여 해 보도록 한다. 집단에서는 집단원 간에 원활한 피드백을 이룰 수 있도록 치료사가 유도한다.

(5) 작품사례

그림 29) 석고 붙이기

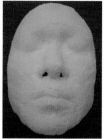

그림 30) 마스크(여/42세)
실물과 흡사한 자신의 모습을 바라보면, 과거 현재와 관련된 자신의 상황들을 객관적으로 바라볼 수 있는 힘이 생긴다.

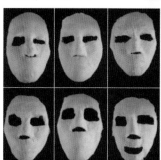

그림 31) 석고붕대를 이용한 가면 만들기
이 작업 역시 석고로 손을 떴던 작업과 마찬가지로 집단의 작품들 속에서 자신의 얼굴을 찾는 게임으로 진행할 수 있다. 이 작업은 남과는 다른 자신의 모습 혹은 가족과 닮은 얼굴, 과거의 경험들과 관련된 자신을 돌아보는 시간 등을 갖도록 한다.

9) 나의 가면들

이 프로그램은 내담자 스스로 자신의 사회적 역할에 대해 생각해 보도록 하는 과정이며, 이로써 내담자는 자신의 현재 모습을 돌아볼 수 있게 된다. 사회 속에서 사람은 누구나 몇 가지 역할을 지니게 된다. 부모에게는 자식으로서, 자식에게는 부모로서, 직장에선 상사 혹은 부하직원으로서… 이것은 내 의지와는 관련 없이 혈연으로 맺어지는 역할일 수도 있으며 때로는 자신의 선택에 의해 맺어지기도 한다. 그리고 이러한 자신의 모습들은 크고 작은 관계를 형성하며 사회 속에 자리하게 된다.

이 작업은 다양한 사회적 역할을 통해 나를 돌아봄으로써 자신을 반성하고, 자신의 역할에 책임을 다할 수 있는 계기를 만들어 주며 이로써 자신의 정체감을 찾아가는 데 많은 도움을 줄 수 있다.

(1) 목적
사회 속 역할의 다양성 인식 및 역할에 대한 반성 및 수용, 자기 자신의 존재감 및 정체감 인식

(2) 재료
도화지, 크레파스, 매직, 사인펜, 물감, 붓, 팔레트 등

(3) 미술치료의 진행
"자신의 여러 가지 역할에 대해 잠시 생각해 보도록 합시다. 종이 위에 자신의 역할

만큼의 얼굴을 그려 주세요. 그리고 각각의 모습을 자유롭게 표현해 보도록 합시다."

(4) 작업 후 질문

• 작업하는 과정 중 어떤 느낌이 들었나?

• 표현하고 싶은 대로 잘되었나? 어떤 부분이 가장 어려웠나?

• 가장 표현하고 싶은 역할이 있었나? 어떤 것이었나? 이유는 무엇인가?

• 표현하기 싫은 역할이 있었나? 어떤 것이었나? 이유는 무엇인가?

• 피하고 싶은 부분이 있는가?

• 가장 중요한 역할은 무엇이라고 생각하는가? 그것이 마음에 드는 것과 일치하는
  가? 그렇지 않은가?

• 나의 역할은 많은 편인가? 그렇지 않은가? 그것이 맘에 드는가? 맘에 들지 않
  는가?

• 어떤 역할이 가장 맘에 드는가? 혹은 마음에 들지 않는가?

• 나는 그 역할들에 대해 책임을 다하고 있는가?

• 각각의 얼굴(역할)들의 관계는 어떠한가?

• 타인은 각각의 역할에 대해 어떤 생각을 가질 것이라 생각하는가? 그 이유는 무엇
  인가?

- 집단에서 실시될 때 추가사항

• 다른 집단원과 비슷한 경험(역할)이 있는가?

• 작품 감상 후 느낌은 어떠한가?

• 맘에 드는 역할이 있는 가?

• 힘들어 보이는 역할은 있는가?

• 다시 작업하고 싶은 생각이 있는가? 있다면 그 이유는 무엇인가?

• (과정에 대한 집단원과의 이야기가 끝나고) 내 역할에 대한 생각이 변화하였나?

이 외에 치료 과정의 상황에 맞게 여러 가지 질문을 치료사가 추가하여 해 보도록 한다. 집단에서는 집단원 간에 원활한 피드백을 이룰 수 있도록 치료사가 유도한다.

(5) 작품사례

그림 32) 나의 가면들(여/42세)
아내, 어머니, 딸, 며느리, 여자로서의 여러 가지 가면을 표현한 작품. 각각의 가면은 타인과의 관계뿐만 아니라 자신과의 관계이기도 하다. 집단 안에서는 여러 가지 역할에 대해 이야기를 나누게 되고, 그 안에는 공감과 이해, 격려와 지지, 때로는 질책을 통해 개개인이 변화할 수 있는 계기를 만들어 준다.

(6) 응용 프로그램

• 가면 틀 이용하여 만들기

평면에 그리는 작업이 아닌, 시중에서 구입할 수 있는 마스크나 석고붕대로 자신의 가면을 만든 뒤 채색작업을 하여도 좋다. 직접 얼굴에 써 본 뒤 거울을 보며 그 느낌을 이야기 나눌 수도 있다. 직접적인 작업출발이 어려운 내담자에게 사용하면 좋다.

그림 33) 나의 가면(여/42세)
42세의 한 주부는 이 작업을 통해 이렇게 이야기한다. "여러 가지의 가면을 가지고 있지만, 어느 것 하나 완벽하게 가지고 있지 않은 것 같아요. 뭔가 뒤섞여 있고, 여자인지 남자인지도 모르겠어요." "… 한 가지라도 제 역할을 제대로 할 수 있었으면 좋겠어요. 우울해도 슬퍼도 웃고 있는 것 같고… 저 자신은 이런 모습 같아요."

10) 나의 그림자

이 프로그램은 내담자가 자신의 부정적인 측면을 다룰 수 있도록 진행되는 프로그램이다. 자신에 대한 부정적인 이미지가 강한 내담자에게 사용하는 것은 조심스럽게 다루어야 한다. 간혹 미술치료사들은 프로그램의 주제 및 진행에 대해 각기 다른 입장을 표명하곤 한다. 예를 들어 이런 식의 주제가 자신에 대한 부정적인 이미지를 강화시킨다고 하여 회피하는 미술치료사들도 있다. 그러나 필자는 이러한 프로그램이 오히려 자신의 부정적인 측면을 드러냄으로써 잘못된 사고를 수정하고 자신을 긍정적으로 받아들일 수 있는 계기를 만들어 줄 수 있다고 생각한다. 이럴 경우 프로그램에 대한 도입시기가 적절히 이루어져야 할 것이다.

(1) 목적

자신에 대한 수용. 직면을 통해 자신의 부정적인 측면을 긍정적으로 변화시키기

(2) 재료

도화지, 크레파스, 매직, 사인펜, 물감, 붓, 팔레트 등

(3) 미술치료의 진행

"오늘은 조금 무거운 작업이 될 수도 있습니다. 자신이 가지고 있는 부정적인 부분에 대해 생각해 보도록 합시다. 스스로 생각하는 단점이 될 수도 있고, 타인으로부터 자주 듣던 부분이 될 수도 있습니다. 오늘은 그것을 그림자라고 부르겠습니다. 자기 자신에게는 이러한 그림자가 얼마나 있을까요? 자신의 그림자에 대해 표현해 봅시다."

(4) 작업 후 질문

• 작업하는 과정 중 어떤 느낌이 들었나?

• 표현하고 싶은 대로 잘되었나? 어떤 부분이 가장 어려웠나?

• 피하고 싶은 부분이 있는가?

• 각각의 그림자는 나 혹은 타인에게 어떤 역할을 하였나?

• 그림자로 하여금 힘들었었나? 혹은 오히려 득이 되었던 적은 있었나?

• 나는 어떻게 변화하고 싶은가?

• 나의 그림자에 대해 어떤 생각이 드는가?

• 타인은 나의 그림자에 대해 어떤 평가를 하리라 생각하는가? 그 이유는 무엇인가?

‒ 집단에서 실시될 때 추가사항

• 다른 집단원과 비슷한 그림자가 있는가?

• 타인의 작품 감상 후 느낌은 어떠한가?

• 맘에 드는 그림자가 있는가?

• 힘들어 보이는 역할은 있는가?

이 외에 치료 과정의 상황에 맞게 여러 가지 질문을 치료사가 추가하여 해 보도록 한다. 집단에서는 집단원 간에 원활한 피드백을 이룰 수 있도록 치료사가 유도한다.

(5) 작품사례

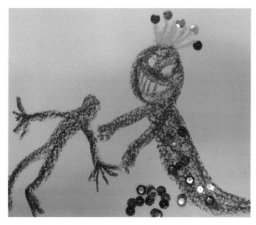

그림 34) 나의 그림자(여/37세)
"저는 아니라고 부정하지만, 제 안에는 욕심도 많고, 타인에게 군림하려는 욕구가 있는 것 같아요."
집단 안에서는 이러한 그림자에 대한 토론이 이루어질 수 있다. 이 그림자는 이 사람만의 것인가? 이 그림자가 없다면? 이 그림자를 가지고 싶은 사람은 있는가? 등의 토론은 자신의 그림자를 긍정적으로 변화시키도록 만든다.

2. 자신감과 만족감, 의지를 키우는 프로그램

미술은 예술이기 이전에 자신을 표현하는 하나의 방식이다. 그런 이유에선지 자신감이 있는 사람들은 그림을 그리는 데 주저하지 않으며, 자신만의 자유로운 방식으로 그림을 그린다.

미술행위는 표현 기술을 익히기 이전에 표현 욕구로 시작하며, 이러한 욕구를 자극하는 것은 자신을 표현할 수 있는 용기와 의지를 심어 준다. 이것은 미술치료만이 갖는 독특한 치료방식이라 할 수 있다.

자신감이 없는 내담자(환자)들에게는 자신을 표현할 수 있도록 몇 가지 프로그램을 제안한다. 이 프로그램들은 욕구를 분출시키기 위한 자극제로서 결과에 대한 만족감을 주며, 계획된 치료회기에 알맞게 첨가하여 진행한다. 필자가 주로 사용하는 프로그램을 소개하면 다음과 같다.

1) 벽화 그리기

벽화를 그리는 것은 자신감을 고취시킬 뿐만 아니라 일에 대한 성취와 자신에 대한 많은 용기를 얻게 한다. 소심하고 자신감이 없는 내담자에게 도움이 되는 프로그램이다. 화지에 그리는 것보다는 방대하고, 작업량이 많기 때문에 언뜻 생각하면 부담이 되고 어려워 보일 수 있지만, 임상경험에 의하면 대부분의 내담자들이 자신의 그림이 사라지지 않고 남아 있다는 데에 의미를 두고 자신의 작업에 몰입하여 장시간에 걸친 작업을 마친다. 개인 작업으로 진행하는 방법, 집단이 함께 참여하는 방법, 한 가지 주제에 맞춰 개인 치료 중인 몇 명의 내담자가 치료실 방문 때마다 벽화의 일부분을 나눠 그려 나가는 방법 등 다양하게 진행할 수 있다.

(1) 목적

자신감과 성취감 고취, 집단과의 화합(집단치료에서)

(2) 재료

아크릴 물감, 수성페인트, 붓, 페인트용 붓 등

(3) 미술치료의 진행

치료사가 필요에 따라 주제를 정하여 주거나 혹은 내담자에게 주제를 자율적으로 정하도록 할 수 있으며, 집단인 경우는 집단에서 의논하여 결정하도록 한다. 한 벽면을 개인치료 중인 내담자들이 분담하여 작업하는 경우는 치료사가 일정한 주제를 두고 그에 맞춰 그림을 그려 나갈 수 있도록 한다.

(4) 작업 후 질문

• 작업하는 과정 중 어떤 느낌이 들었나?

• 표현하고 싶은 대로 되었나? 어떤 부분이 가장 어려웠나?

• 작업결과가 맘에 드는가? 어떤 부분이 가장 맘에 드는가? 혹은 마음에 들지 않는가?

• 다시 작업하고 싶은 생각이 있는가? 있다면 그 이유는 무엇인가?

이 외에 치료 과정의 상황에 맞게 여러 가지 질문을 치료사가 추가하여 해 보도록 한다. 집단에서는 집단원 간에 원활한 피드백을 이룰 수 있도록 치료사가 유도한다.

(5) 작품사례

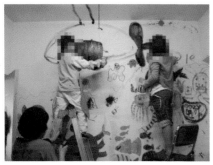

그림 35) 벽화 그리기(실내)
일반적인 도화지가 아닌 벽에 그림을 그리는 것은 내담자로 하여금 독특한 체험을 하도록 한다. 자신의 작업이 벽에 영원히 남는다는 것은 자신을 특별한 존재로 생각할 수 있게 만들기도 한다.

그림 36) 벽화 그리기
벽화를 그릴 때는 사다리나 의자가 필요할 수 있으므로 미리 준비하며, 사용 시에는 안전에 주의하도록 한다.

2) 나만의 CD케이스 만들기

자신이 좋아하는 음악에 대해 이야기를 나누어 보고, 그 음악의 CD표지 그림을 그리는 기법이다. 누구나 좋아하는 음악이 있고, 좋아하는 이유 중에는 음악과 관련된 자신의 경험들이 존재할 수 있다. 작업과 함께 집단원 혹은 치료사와 그러한 경험들에 대해 이야기를 나눠 본다. 이 프로그램은 음악과 그림을 매개로 자신과 타인을 알아가는 통합예술치료의 한 방법이다.

최근에는 자신이 좋아하는 음악만을 골라 CD에 구울 수 있으므로 표지 디자인 역시 더욱더 자신의 개성에 맞게 표현될 수 있다. 그리고 이러한 과정은 내담자로 하여금 작업에 대한 만족감을 느낄 수 있도록 한다.

(1) 목적

표현력과 창의력 키우기, 자신감과 만족감 기르기, 자신의 내면에 대한 인식

(2) 재료

CD케이스에 들어갈 크기의 도화지, CD에 붙일 둥근 CD 모양의 흰색 스티커(시중에 판매되고 있다.), 색연필, 사인펜, 물감, 붓, 파레트 등

도화지의 사이즈가 작으므로 재료는 세밀한 표현이 가능한 재료들을 준비하도록 한다.

(3) 미술치료의 진행

자신이 좋아하는 노래를 CD에 구운 다음(미리 준비하도록 한다.), 노래에 맞는 자신만의 표지 디자인을 만들고 CD의 표지 제목을 붙인 다음, 표지의 그림과 음악 등 관련된 여러 가지 이야기들을 나눈다.

(4) 작업 후 질문

• 음악을 처음 들었던 때는 언제였나? 누구와 함께 들었나? 그때의 느낌은 어떠했나? 지금의 느낌과 같은가?

• 작업하는 과정 중 어떤 느낌이 들었나?

• 표현하고 싶은 대로 되었나? 어떤 부분이 가장 어려웠나?

• 작업결과가 맘에 드는가? 어떤 부분이 가장 맘에 드는가? 혹은 마음에 들지 않는가?

− 집단에서 실시될 때 추가사항

• 다른 집단원과 비슷한 경험이 있는가?

• 어떤 작품이 가장 맘에 드는가?(지목된 집단원에게 그 느낌을 묻도록 한다.)

• 작품이 제각기 다른 느낌이 드는 이유는 무엇이라고 생각하는가?

• 작품 감상 후 느낌은 어떠한가?

• 다시 작업하고 싶은 생각이 있는가? 있다면 그 이유는 무엇인가?

이 외에 치료 과정의 상황에 맞게 여러 가지 질문을 치료사가 추가하여 해 보도록 한다. 집단에서는 집단원 간에 원활한 피드백을 이룰 수 있도록 치료사가 유도한다.

(5) 작품사례

그림 37) 나만의 CD케이스 만들기(여/39세)
자신이 좋아하는 음악의 표지를 디자인한 정신분열증환자의 작품. 이러한 활동은 표현력과 창의력, 자신감과 자아의식을 높일 수 있을 뿐 아니라 이를 매개로 타인과의 의사소통능력을 기를 수 있다.

3) 달력 만들기

달력은 집, 학교, 직장, 공공시설 등 어느 곳에서든 볼 수 있는, 우리의 생활에 없어서는 안 되는 중요한 물품이다. 우리는 특별히 계획하거나 기억해야 하는 중요한 행사들을 달력에 표기한다. 일상에서 자주 사용되는 물품을 만드는 것은 작업에 대한 기억과 함께 무엇인가 해냈다는 자신감을 갖도록 만든다. 또한 1월에서 12월에 이르는, 계절과 관련된 자신의 경험들을 그리는 과정은 자신의 지난날을 회상하고 기억하도록 하여 자신의 내면을 탐색하도록 돕는다.

(1) 목적
기억 재생을 통한 자신 내면 탐색, 자신감 및 만족감 고취

(2) 재료
도화지, 크레파스, 매직, 사인펜, 물감, 색종이, 가위, 풀 등 여러 가지 재료

(3) 미술치료의 진행
1월에서 12월에 이르는 자신의 특별한 기억들을 회상하도록 한다.
그림은 개월 수에 맞춰 12장의 그림으로 완성할 수도 있으며, 1월과 2월, 3월과 4월 등 두 달이 한 장의 그림이 되도록 완성할 수도 있다.
달력을 만드는 방법은 날짜가 기록되어 있는 화지를 미리 준비하여 직접 그리게 하는 방법과 인쇄물로 제작하는 경우 두 가지 방법이 있는데, 후자의 경우 미술치료의

진행 시 활동 결과물이 어떤 용도로 사용되는 것인지에 대해 내담자에게 이야기하도록 한다.

그림이 그려지면 각 계절(각 월)과 관련된 자신의 경험을 이야기해 보고, 집단원 혹은 치료사와 이야기하는 시간을 갖는다.

인지기능이 낮아 작업이 어려운 집단은 각 월에 해당하는 계절에 대한 이야기를 나누고 프로그램을 진행하는 것이 좋다.

(4) 작업 후 질문

• 가장 좋아하는 계절(월)은 언제인가? 이유는 무엇인가?

• 작업하는 과정 중 어떤 느낌이 들었나?

• 표현하고 싶은 대로 되었나? 어떤 부분이 가장 어려웠나?

• 작업결과가 맘에 드는가? 어떤 부분이 가장 맘에 드는가? 혹은 마음에 들지 않는가?

• 나의 생일은 몇 월인가? 관련된 그림을 그렸나?

— 집단에서 실시될 때 추가사항

• 다른 집단원과 비슷한 경험이 있는가?

• 어떤 작품이 가장 맘에 드는가?(지목된 집단원에게 그 느낌을 묻도록 한다.)

• 작품이 제각기 다른 느낌이 드는 이유는 무엇이라고 생각하는가?

• 작품 감상 후 느낌은 어떠한가?

• 다시 작업하고 싶은 생각이 있는가? 있다면 그 이유는 무엇인가?

이 외에 치료 과정의 상황에 맞게 여러 가지 질문을 치료사가 추가하여 해 보도록 한다. 집단에서는 집단원 간에 원활한 피드백을 이룰 수 있도록 치료사가 유도한다.

(5) 작품사례

그림 38) 달력 만들기(정신분열증환자의 집단 작품)
미술치료 시 진행되었던 정신분열증환자들의 작품을 달력으로 인쇄하였다. 이러한 결과물들은 환자들에게 자신감과 만족감을 주며 치료에 대한 흥미와 참여도를 높이게 함으로써 미술치료의 효과를 극대화시킬 수 있다.

4) 염색을 이용한 기법

흔히 미술치료는 그 결과보다는 과정이 중요하다고 말한다. 그리고 그것이 미술교육과 미술치료의 가장 큰 차이점이라고 설명한다. 결과에 대한 평가가 이루어지는 미술교육은 평가에 대한 불안심리 때문에 잘해야 한다는 강박관념이 생기기 쉽고, 과정에 대한 평가가 거의 이루어지지 않는 반면(최근에는 수행평가로 인해 평가의 폭이 점점 넓어지고 있고 있다.), 미술치료는 결과의 평가보다는 과정에 대한 평가(집중, 흥미,

태도)가 중요시되고 있는 것이 사실이다.

　그러나 실제적으로 현장에서의 경험에 의하면 작업결과에 대한 만족감이나 자신감이 다음 회기의 진행에 얼마나 큰 영향을 미치는지 알 수 있게 한다. 대부분의 내담자들은 작업결과의 만족도에 따라 치료 효과도 큰 차이를 보인다. 즉, 만족도가 높으면 높을수록 자신감도 높아지며, 치료에 대한 참여율과 의지도 높아진다. 그리고 여기에서 그들의 만족도는 미술교육에서의 평가 방식과 일치하는 일반적인 평가기준을 가진다.

　염색을 이용한 여러 가지 기법들은 이처럼 결과에 만족하고, 그 결과물이 일상생활에서 사용되는 여러 가지 물품들을 제작하는 것이라는 데 의미를 둔다. 이러한 작업결과는 대부분의 내담자들에게 큰 만족감을 주며, 다음 회기에 대한 기대감을 갖도록 유도한다. 환자들의 직업재활로서의 가치도 높다. 몇 가지 기법들을 소개하면 다음과 같다.

　(1) 목적
　자신감 및 만족감 고취, 치료에 대한 흥미와 집중으로 높은 치료효과 기대

　(2) 재료
　염색종이(기름종이, 풀, 가위, 다리미), 염색물감(팔레트, 붓) 등

　(3) 미술치료의 진행
　자신이 원하는 그림을 티셔츠, 신발, 가방 등에 직접 그려 넣거나, 염색종이에 도안

을 그려 모양을 만들어 붙인 다음 다리미로 다려 완성한다. 작업 과정에 대한 느낌, 그림도안에 대한 자신의 이야기 등을 치료사 혹은 집단원과 이야기를 나눈다.

(4) 작업 후 질문

• 작업하는 과정 중 어떤 느낌이 들었나?

• 표현하고 싶은 대로 되었나? 어떤 부분이 가장 어려웠나?

• 작업결과가 맘에 드는가? 혹은 마음에 들지 않는가?

• 내 이름이 마음에 드는가? 각각의 이유는 무엇인가?

• 혹 바꾸고 싶은 이름은 있는가? 바꾸고 싶다면 어떤 이름으로 바꾸고 싶은가? 그 이름으로 바꾸고 싶은 이유는 무엇인가?

• 다른 작업과 염색작업이 다른 점은 무엇이라 생각하는가? 어떤 점이 좋은가? 혹은 그렇지 않은가?

− 집단에서 실시될 때 추가사항

• 어떤 작품이 가장 맘에 드는가?(지목된 집단원에게 그 느낌을 묻도록 한다.)

• 작품이 제각기 다른 느낌이 드는 이유는 무엇이라고 생각하는가?

• 작품 감상 후 느낌은 어떠한가?

• 다시 작업하고 싶은 생각이 있는가? 있다면 그 이유는 무엇인가?

이 외에 치료 과정의 상황에 맞게 여러 가지 질문을 치료사가 추가하여 해 보도록 한다. 집단에서는 집단원 간에 원활한 피드백을 이룰 수 있도록 치료사가 유도한다.

(5) 작품사례

① 염색종이를 이용한 티셔츠 만들기

그림 39) A4 용지에 염색종이를 이용하여 원하는 모양을 만들어 붙인 다음 티셔츠에 위치를 정하여 뒤집어 다리미로 다린다. 글씨 등 방향이 바뀌면 안 되는 부분에 대해선 붙일 때 주의하도록 한다. 이 과정은 인지발달에도 많은 도움을 준다.

그림 40) 완성된 작품
대부분의 작품에는 자신이 좋아하는 관심사들이 보인다. 이런 결과물은 타인과 의사소통을 원활히 할 수 있는 매개체가 되기도 하며, 자신만의 티셔츠를 만들었다는 자부심과 만족감을 느낄 수 있도록 한다.

② 염색물감으로 신발 꾸미기

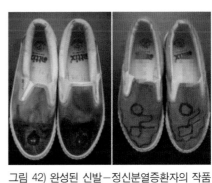

그림 41) 신발디자인 작업 장면
신발은 좌우가 대칭 형태로 제작되어야 하므로 그림을 그릴 때 주의해서 그리도록 한다. 이 과정 역시 인지발달에 도움을 준다.

그림 42) 완성된 신발-정신분열증환자의 작품 (여)
작업 후 자신이 신을 신발을 만들었다는 데 대해 환자들은 큰 만족감을 보였다.

③ 스텐실을 이용한 여러 가지 염색기법

스텐실은 형태를 오려 놓고 그 속에 물감을 채워 넣는 공판화 기법의 일종으로 대량의 복제에는 적합하지 않지만, 물감을 채워 넣는 과정에 몇 색의 물감을 섞어 사용하면 재미있는 효과를 낼 수 있다. 또한 소량의 복제가 가능하기 때문에 한 가지 형태를 여러 제품에 찍어 낼 수 있다.

그림 43) 실크스크린을 이용한 티셔츠들
이 작업은 염색종이를 이용한 방법과 달리 여러 장 반복하여 찍을 수 있다는 장점이 있어서, 가족치료, 부부치료 등 화합을 목적으로 하는 집단에서 함께 도안하여 유니폼을 만드는 작업으로 응용할 수 있다.

그림 44) 한 정신분열증환자가 자신이 그린 그림(오려 낸 형태) 속에 염료를 채워 넣고 있다. 미술치료 과정에서 보이는 작업의 계열성은 인지기능이 낮은 내담자들의 인지발달에 많은 도움을 준다.

5) 명화 따라 그리기

유명한 작가의 그림을 따라 그리는 작업은 그림을 이해하고 감상하는 데 도움이 될 뿐 아니라 집중력과 관찰력을 길러 주고, 그림을 표현하는 다양한 방법을 알아 가도록 한다. 또한 망상을 가진 정신분열증환자들에겐 시각적 인지기능을 상승시킴으로써 그들의 떨어진 현실 검증력을 상승시키는 데 큰 효과를 보인다(이 경우는 사실주의

화가의 작품처럼 시각적으로 정확한 형태의 그림을 따라 그리도록 한다.). 이러한 작업 과정과 결과는 내담자로 하여금 성취감과 자신감을 갖도록 하는데, 이는 어린 시절의 '흉내 내기' 과정과도 심리적 관련이 있는 것으로 생각된다. 누구나 어린 시절 언니나 오빠 혹은 어른들의 그림이나 글씨, 행동 등을 따라 했던 경험이 있다. 그리고 그 과정에서 마치 그 대상자가 된 듯한 착각에 빠지거나 우쭐댔던 기억도 있을 것이다. 분명 그것은 우리에게 즐거움과 만족감을 주었던 것 같다.

대부분의 내담자들은 명화를 따라 그리는 작업이 그림의 원본과 똑같이 그려야 한다는 부담감을 가지고 작업을 시작하기는 하지만, 작업 과정에 집중하고 그 결과에 만족감과 성취감을 느낀다.

그림을 선택할 때는 내담자의 인지기능이 낮은 것으로 선택하되, 기능이 낮은 내담자들의 경우는 단순화된 작업으로부터 점점 세분화된 그림으로의 단계적 방법으로 진행하고, 발산이 필요한 내담자들에겐 재미를 느낄 수 있는 작가의 작품을 선택하도록 한다(예: 잭슨 폴록의 액션 페인팅).

(1) 목적
집중력 관찰력 증가, 자신감과 성취감 고취

(2) 재료
도화지, 크레파스, 물감 등 여러 가지 드로잉 재료, 선택한 그림에 필요한 재료

(3) 미술치료의 진행

내담자 수준에 맞는 명화를 몇 장 준비하고 감상한 후 마음에 드는 그림을 따라 그리도록 한다. 치료사는 명화의 제목, 작가, 제작 시기 등 그림에 대한 자료들을 미리 준비하도록 한다. 한 가지 그림을 제시하고 그리게 하는 것은 너무 지시적일 수 있으므로 바람직하지 않고, 몇 가지 그림 중에서 내담자에게 선택권을 주도록 하는 것이 좋다. 그림에 쓰인 재료나 방법에 대해 토론해 보아도 좋다. 그림에 대한 자신의 느낌을 치료사 혹은 집단원들과 이야기 나눠 보고 그림을 그리도록 한다. 혹은 작업을 한 뒤 자신의 그림과 명화의 그림에 대해 이야기 나눠 보아도 좋다.

(4) 작업 후 질문

• 그림(원본)에 대한 느낌은 어떤가?

• 어떤 이유에서 선택하였나?

• 작업하는 과정 중 어떤 느낌이 들었나?

• 표현하고 싶은 대로 되었나? 어떤 부분이 가장 어려웠나?

• 작업결과가 맘에 드는가? 어떤 부분이 가장 맘에 드는가? 혹은 마음에 들지 않는가?

• 다시 제목을 붙여 본다면?

• 작가는 그림을 그리면서 어떤 생각을 했을까?

– 집단에서 실시될 때 추가사항

• 다른 집단원과 비슷한 경험이 있는가?

- 어떤 작품이 가장 맘에 드는가?(지목된 집단원에게 그 느낌을 묻도록 한다.)
- 작품이 제각기 다른 느낌이 드는 이유는 무엇이라고 생각하는가?(집단에서 같은 그림을 선택한 내담자들일 있을 경우)
- 작품 감상 후 느낌은 어떠한가?
- 다시 작업하고 싶은 생각이 있는가? 있다면 그 이유는 무엇인가?

이 외에 치료 과정의 상황에 맞게 여러 가지 질문을 치료사가 추가하여 해 보도록 한다. 집단에서는 집단원 간에 원활한 피드백을 이룰 수 있도록 치료사가 유도한다.

(5) 작품사례

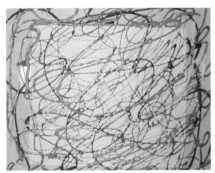

그림 45) 잭슨 폴록 따라 하기(여/9세)
유명한 화가의 그림을 흉내 내는 작업이지만, 발산을 겸할 수 있는 작업이어서 많은 흥미와 재미를 주는 작업이다. 미술치료 초기 혹은 발산작업이 필요한 대상자들에게 많이 시행되고 있다.

그림 46) 르느와르 따라 하기(여/10세)
따라 그리는 작업은 손과 눈의 협응력 및 집중력을 길러 준다. 또한 채색을 똑같이 하기 위해 색상을 만들어 가는 과정은 내담자로 하여금 실험적 체험을 하게 하고 미술적 표현을 높일 수 있도록 돕는다.

6) 미래의 내 모습 그리기

자기 자신에 대해 부정적인 이미지를 가지거나, 미래에 대한 불안을 가진 내담자, 혹은 자신감이 없는 내담자에게 도움이 되는 프로그램이다.

Adler 학파는 행동의 새로운 변화와 양식을 이끌어 낼 수 있는 행동 지향적 기법을 발달시키는 데 풍부한 상상력을 발휘했는데(Dinkmyer, Dinkmyer & Sperry, 1987), 그중 As if(가상행동기법, 마치 …인 것처럼 행동하기) 기법과 상상하기 기법은 내담자가 바람직한 자신의 모습을 상상함으로써 실제로 그렇게 되도록 하는 기법으로 내담자가 실패할 것이라고 믿는 것 때문에 두려워하는 행동을 바꿀 수 있도록 도와준다.

'미래의 내 모습 그리기'는 이 기법을 이용한 프로그램으로서, 내담자에게 자신의 긍정적인 미래상을 그림으로 표현하게 하고, 그렇게 될 수 있다는 신념을 심어 줌으로써 자신에 대한 부정적 이미지를 긍정적으로 변화시킬 수 있도록 한다.

(1) 목적
자신감 및 자존감 향상, 긍정적 자아상 기르기

(2) 재료
도화지, 크레파스, 매직, 사인펜, 물감, 색종이, 가위, 풀, 잡지책 등 여러 가지 재료

(3) 미술치료의 진행
자신이 소망하는 미래의 모습을 그림 혹은 잡지 콜라주로 표현한다.

작업결과에 대한 느낌, 생각들을 정리해 보고, 미래의 나의 모습을 현재 시점에서 발표해 보도록 한다(예: 나는 소아과 의사이다. 나는 어려운 아이들을 위해 봉사를 한다…). 발표가 끝나면 각자의 느낌에 대해 이야기 나눈다.

(4) 작업 후 질문

• 나는 어떤 사람이 되고 싶은가? 언제부터였나?

• 작업하는 과정 중 어떤 느낌이 들었나?

• 표현하고 싶은 대로 되었나? 어떤 부분이 가장 어려웠나?

• 작업결과가 맘에 드는가? 어떤 부분이 가장 맘에 드는가? 혹은 마음에 들지 않는가?

– 집단에서 실시될 때 추가사항

• 다른 집단원과 비슷한 경험이 있는가?

• 어떤 작품이 가장 맘에 드는가?(지목된 집단원에게 그 느낌을 묻도록 한다.)

• 작품 감상 후 느낌은 어떠한가?

• 다시 작업하고 싶은 생각이 있는가? 있다면 그 이유는 무엇인가?

• 내 작업에 대한 생각이 변화하였나?

이 외에 치료 과정의 상황에 맞게 여러 가지 질문을 치료사가 추가하여 해 보도록 한다. 집단에서는 집단원 간에 원활한 피드백을 이룰 수 있도록 치료사가 유도한다.

(5) 작품사례

그림 47) 내가 되고 싶은 것(좌측부터 여/10세, 12세, 13세)
모두 25세 이후의 세련되고 당당한 커리어우먼의 모습을 콜라주로 표현하였다.
자신에 대한 기대감은 현재의 자신을 긍정적으로 바라보고 성실히 살아갈 수 있도록 만든다.

7) 나만의 비옷 꾸미기

그림 그리기를 싫어하는 아동들도 색다른 재료를 사용하여 그림을 그리게 하면 활동에 대한 흥미와 관심을 보이게 된다. 그림을 그리는 공간이 꼭 도화지일 필요는 없다. 시중에서 판매되고 있는 흰 색상의 우산이나 비옷 등은 그림을 그릴 수 있는 훌륭한 도구가 되어 준다. 필자의 경험에 의하면 대부분의 아동들은 이 작업을 통해 즐거움과 만족감을 느끼고, 다음 활동에 대한 기대감을 갖게 된다. 또한 완성 후 자신만의 개성을 살린 우산이나 비옷을 갖는 것은 아동들에게 특별한 체험이 되어 주며, 자신에 대한 자신감을 심어 주기도 한다.

(1) 목적
자신감과 만족감 느끼기, 작업에 대한 흥미 및 관심 유발

(2) 재료

우산, 비옷, 유성매직 등

(3) 미술치료의 진행

우산 혹은 비옷을 보고 그 안에 들어갈 적당한 그림에 대해 생각해 보도록 한 다음 간단히 스케치를 하고 유성매직으로 색을 칠한다. 그려진 그림에 대해서 이야기 나누는 시간을 갖는다.

(4) 작업 후 질문

• 비가 오면 어떤 생각이 드는가?

• 작업이 즐거웠나? 혹은 그렇지 않았나?

• 작업하는 과정 중 어떤 느낌이 들었나?

• 표현하고 싶은 대로 되었나? 어떤 부분이 가장 어려웠나?

• 작업결과가 맘에 드는가? 어떤 부분이 가장 맘에 드는가? 혹은 마음에 들지 않는가?

• 우산을 사용할 것인가? 그렇지 않은가? 각각의 이유는 무엇인가?

– 집단에서 실시될 때 추가사항

• 다른 집단원과 비슷한 경험이 있는가?

• 어떤 작품이 가장 맘에 드는가?(지목된 집단원에게 그 느낌을 묻도록 한다.)

• 작품이 제각기 다른 느낌이 드는 이유는 무엇이라고 생각하는가?

• 작품 감상 후 느낌은 어떠한가?

• 다시 작업하고 싶은 생각이 있는가? 있다면 그 이유는 무엇인가?

이 외에 치료 과정의 상황에 맞게 여러 가지 질문을 치료사가 추가하여 해 보도록 한다. 집단에서는 집단원 간에 원활한 피드백을 이룰 수 있도록 치료사가 유도한다.

(5) 작품사례

그림 48) 비옷에 그림 그리기

그림 49) 우산에 그림 그리기(남/11세)
수정이 어려우므로 그림을 그리기 전에 무엇을 그릴지 미리 스케치해 보거나, 도안을 밑에 대고 따라 그리는 방법을 선택하도록 한다.

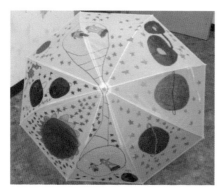

그림 50) 완성작품
그리는 면적이 넓어서 작업 시간이 길어지고 힘들 수 있지만 대부분의 아동들은 작업에 집중하고 그림 역시 높은 완성도를 보인다. 작업에 대한 의지를 높이는 프로그램이라 할 수 있다.

8) 책 표지 만들기

누구나 살아가면서 자신이 주인공이 되고 싶었던 꿈(혹은 경험)이 있었을 것이다. 그런 경험은 꼭 이루어지지 않더라도 상상만으로도 큰 만족감을 얻을 수 있는 것 같다. 만약 그런 꿈들을 시각적으로 표현하면 어떨까?

'책 표지 만들기'는 자신이 모델이 되어 책 표지를 멋지게 장식하는 프로그램이다. '만약 내가 …라면'이라는 가정하에 기분 좋은 상상을 실제적으로 표현해 가는 과정이다. 작업 과정에서 즐거움과 흥미를 느낄 수 있으며, 학령기 아동·청소년들에게는 꿈과 희망을 줄 수 있다.

(1) 목적
자존감 및 자신감 향상, 작업에 대한 흥미 유발, 미래에 대한 긍정적 사고 유도

(2) 재료
도화지, 크레파스, 매직, 사인펜, 물감, 색종이, 가위, 풀 등 여러 가지 재료 혹은 컴퓨터 그래픽 이용하기

(3) 미술치료의 진행
자신이 모델이 되어 잡지책의 표지를 표현하도록 한다. 책의 내용과 자신의 연관성, 자신의 꿈, 책의 디자인에 대해 치료사 혹은 집단원들과 이야기를 나눠 본다.

(4) 작업 후 질문

• 어린 시절 나의 꿈은 어떠했나?

• 작업하는 과정 중 어떤 느낌이 들었나?

• 표현하고 싶은 대로 되었나? 어떤 부분이 가장 어려웠나?

• 작업결과가 맘에 드는가? 어떤 부분이 가장 맘에 드는가? 혹은 마음에 들지 않
  는가?

• 나의 꿈이 이루어진다면?

− 집단에서 실시될 때 추가사항

• 다른 집단원과 비슷한 경험이 있는가?

• 나의 바람과 집단원의 바람과는 어떤 차이가 있는가?

• 어떤 작품이 가장 맘에 드는가?(지목된 집단원에게 그 느낌을 묻도록 한다.)

• 작품이 제각기 다른 느낌이 드는 이유는 무엇이라고 생각하는가?

• 작품 감상 후 느낌은 어떠한가?

• 다시 작업하고 싶은 생각이 있는가? 있다면 그 이유는 무엇인가?

이 외에 치료 과정의 상황에 맞게 여러 가지 질문을 치료사가 추가하여 해 보도록
한다. 집단에서는 집단원 간에 원활한 피드백을 이룰 수 있도록 치료사가 유도한다.

(5) 작품사례

그림 51) 책 표지 만들기(여/31세)
이 작업은 대부분 자신이 소망하는 모습이 표현된다. 작업 과정에서 흥미와 만족감을 느낄 수 있음과 동시에 소망과 관련된 자신의 무의식적인 측면을 볼 수도 있다. 사진이나 미술도구를 사용하여 그림으로 표현할 수도 있지만, 컴퓨터 그래픽을 이용해 작업하는 방법도 있다.

최근에는 사이버 중독자들을 위해 컴퓨터를 사용하는 미술치료기법도 시행되고 있다. 이는 사이버 중독에 사용되었던 컴퓨터를 억지로 분리시키기보다는 그것을 치료에 응용하고, 집중되어 있던 부분(대부분은 게임)에서 점차적으로 외부로 관심을 돌리는 것에 목표를 둔다.

9) 소망의 상자 만들기

자신이 소망하는 것들을 담을 수 있도록 상자를 만들고 그 안에 자신이 원하는 여러 가지 사항들을 글로 적어 담아 보는 프로그램이다. 만들어 가는 과정과 작업의 결과는 목표하는 것들을 이룰 수 있도록 자신에게 의지를 심어 주고, 자신을 조금 더 긍정적으로 바라볼 수 있도록 한다. 또한 자신의 소망을 적어 보는 과정은 자신 스스로를 돌아볼 수 있는 소중한 시간이 된다.

(1) 목적

인생의 목표 설정 및 그에 대한 의지 기르기, 자신의 내면 탐색

(2) 재료

여러 가지 크기의 상자, 도화지, 크레파스, 매직, 사인펜, 물감, 색종이, 가위, 풀, 꾸미기 재료 등

(3) 미술치료의 진행

자신의 소망을 담을 소중한 상자를 만들도록 한다. 만드는 동안 자신이 가지고 있는 소망들에 대해 생각해 보고, 상자가 완성되면 작은 종이에 하나씩 적어서 상자에 담도록 한다. 소망과 관련된 여러 가지 이야기들을 치료사 혹은 집단원들과 이야기 나누어 본다.

완성된 상자는 늘 볼 수 있는 위치에 두도록 한다. 일정한 기간을 스스로 정해 두고 그 기간이 지나면 상자의 내용들을 다시 꺼내 보도록 한다. 자신에게 어떤 변화가 있었는지 탐색한다.

(4) 작업 후 질문
• 작업하는 과정 중 어떤 느낌이 들었나?
• 표현하고 싶은 대로 되었나? 어떤 부분이 가장 어려웠나?
• 작업결과가 맘에 드는가? 어떤 부분이 가장 맘에 드는가? 혹은 마음에 들지 않

는가?

- 자신의 소망은 무엇인가? 이루기 쉬운가? 어려운가?

- 그것은 자신만의 소망인가?

- 소망을 이루었던 경험이 있었나? 그때 기분은 어떠했나?

- 좌절했던 경험은 있었나? 그때 기분은 어떠했나?

− 집단에서 실시될 때 추가사항

- 다른 집단원과 비슷한 경험이 있는가?

- 어떤 작품이 가장 맘에 드는가?(지목된 집단원에게 그 느낌을 묻도록 한다.) 그 안에는 어떤 소망이 있다고 생각하는가?

- 작품 감상 후 느낌은 어떠한가?

- 다시 작업하고 싶은 생각이 있는가? 있다면 그 이유는 무엇인가?

이 외에 치료 과정의 상황에 맞게 여러 가지 질문을 치료사가 추가하여 해 보도록 한다. 집단에서는 집단원 간에 원활한 피드백을 이룰 수 있도록 치료사가 유도한다.

(5) 작품사례

그림 52) 소망의 상자(여/7세)
선택적 함구증으로 미술치료를 받고 있는 여아의 작품. 포
장지와 스티커를 이용해 만든 이 상자 안에는 아동의 소망
과 그와 관련된 많은 이야기들이 담겨 있다. 이 작업은 자
신의 소망에 가까이 다가설 수 있는 의지를 심어 준다.

10) 희망의 종 만들기

미술치료에 대해 상담을 하게 되면 보호자로부터 항상 받게 되는 질문이 있다. "일
주일에 한 번 하는데도 효과가 있나요?" 이 질문은 미술치료사뿐만 아니라 상담의 현
장에서 일하는 모든 치료사들 역시 자주 받게 되는 질문일 것이다.

치료사를 만나기 전 10년, 20년 혹은 그 이상을 살아오면서 각각 자신만의 성격(혹
은 병의 증상)을 가지게 된 내담자들이 어떻게 일주일에 한 번 만나는 치료사로 인해
변화를 보일 수 있을까? 아마도 그것은 정기적으로 만나는 치료시간이 내담자에게 자
극이 되고 그 자극으로 인해 생긴 내담자 자신과 가족의 노력들이 변화의 요인으로
작용되지 않을까 하는 것이 필자의 생각이다.

보호자 상담에 있어서 늘 하는 이야기이지만, 사실 일주일에 50~70분 정도의 치료
시간으로 내담자를 변화시키기는 힘들다. 치료는 변화의 기준점 혹은 자극제가 되어
주는 것이라 생각된다. 치료사로서의 바람이 있다면 치료실에서 이루어졌던 그 느낌들

이 치료실 밖에서 연장되어 이어지는 것이다. 그런 이유로 증상의 소거에 목적을 두는 행동치료식 미술치료에서는 간혹 과제물을 부과함으로써 집에 돌아가서도 치료 과정을 일부 연장시키는 효과법을 쓰기도 하지만, 다른 작업은 작업 자체로는 어려운 부분이 많다(공간, 재료, 진행 등)

미술치료에서 사용되는 몇몇 프로그램의 결과물들은 지속적인 시각자극에 의해 이러한 단점을 보완하여, 미술치료 과정의 느낌을 연장시켜 주는 역할을 하기도 한다. 앞서 소개했던 염색 기법의 프로그램들이 그 예라 할 수 있다. 치료 과정에 있지는 않지만 결과물을 착용하는 과정에서 치료 당시의 느낌을 가질 수 있다.

이 단락에서 소개되는 '희망의 종 만들기'는 치료 과정을 연장할 수 있도록 고안된 프로그램이다. 개인 혹은 부부, 가족치료에서 사용할 수 있다. 이 프로그램은 점토를 사용하여 종을 만들고 가마에 구운 다음 완성된 작품을 걸어 두고, 종을 칠 때마다 희망이 생기고 그 바람을 이룰 수 있다는 신념을 갖도록 하는 자기 암시 기법이다.

(1) 목적
작업에 대한 흥미 유발, 미래에 대한 긍정적 사고 유도

(2) 재료
점토, 여러 가지 점토 도구, 낚싯줄

(3) 미술치료의 진행
여러 가지 종에 대해 이야기를 나누고(모양, 의미 등), 자신이 만들 종의 모양에 대해

구상해 본 다음 점토를 이용해 종을 만든다. 이때, 가마에 구울 것이므로 이음새, 두께 등에 대해 치료사가 자세히 설명해 주도록 한다(말리는 기간, 작품을 굽는 데 시간이 걸리므로 회기가 연이어 진행될 수 없음을 내담자에게 미리 설명한다.).

작품이 완성되면 '희망의 종'을 울려 보고 희망찬 미래에 대해 이야기 나눈다.

(4) 작업 후 질문

• 작업하는 과정 중 어떤 느낌이 들었나?

• 표현하고 싶은 대로 되었나? 어떤 부분이 가장 어려웠나?

• 작업결과가 맘에 드는가? 어떤 부분이 가장 맘에 드는가? 혹은 마음에 들지 않는가?

• 나의 바람은 무엇인가?

• 종소리를 들을 때 느낌은 어떠했나?

- 집단에서 실시될 때 추가사항

• 어떤 작품이 가장 맘에 드는가?(지목된 집단원에게 그 느낌을 묻도록 한다.)

• 작품이 제각기 다른 느낌이 드는 이유는 무엇이라고 생각하는가?

• 작품 감상 후 느낌은 어떠한가?

• 다시 작업하고 싶은 생각이 있는가? 있다면 그 이유는 무엇인가?

이 외에 치료 과정의 상황에 맞게 여러 가지 질문을 치료사가 추가하여 해 보도록 한다. 집단에서는 집단원 간에 원활한 피드백을 이룰 수 있도록 치료사가 유도한다.

(5) 작품사례

그림 53) 희망의 종 만들기(여/12세)
완성된 결과물에 대한 만족감은 내담자로 하여금 자신감을 가질 수 있도록 하며, 종을 칠 때마다 할 수 있다는 신념을 가질 수 있도록 스스로에게 메시지를 전달한다. 일종의 자기 암시법이라 할 수 있다.

3. 치료교육(학습) 프로그램

그림을 감상하거나 그리고 만드는 등의 미술활동은 표현 욕구를 길러 주어 자신의 마음을 자유롭게 표현하게 함으로써 정서적인 안정감을 느끼게 해 준다. 대개의 경우 미술치료는 이러한 활동을 통해서 개인적인 욕구분출, 갈등, 소망 등을 드러내며 그 증상을 개선하도록 진행이 된다고 할 수 있다.

그러나 인지기능이 낮은 내담자(환자)의 경우는 정서적인 부분보다도 그들의 기능 자체에 대한 문제를 개선할 수 있도록 학습적인 부분이 강조되어 진행되기도 한다. 미술활동은 재료(도구)를 사용하는 방법을 익히고 작업과정에서 일정한 계열성을 가지므로 정서적인 측면뿐만 아니라 학습적이고 교육적인 측면에서도 그 활용도가 높다고 할 수 있다.

Gombrich는 사실적인 그림제작은 관습적인 또는 관례적인 도식(conventional scheme)을 만들어 낸 후, 그것을 지각 경험에 비추어 등가물(等價物)을 창출해 내는 도식과 수정의 리듬으로 이루어진다고 하였다. 즉 회화적인 재현은 시각적 관찰이 아니라 도식의 선택에서 출발하며 이때 시각은 선택된 도식에 의해 결정된다는 것이다(오종환, 2007).

따라서 미술활동에서의 시각적 자극들은 끊임없이 자신의 감각을 활성화시키고, 경험하게 하여 다시 시각적으로 재현할 수 있는 능력을 갖도록 돕는다.

이러한 사실에 기초하여 미술치료에서는 '치료교육'이라는 명칭 아래 인지기능이 낮은 집단 혹은 개인을 대상으로 미술에 학습적인 부분을 첨가하여 다양한 교육적 치료 프로그램을 진행하고 있으며, 그 효과에 대한 연구도 꾸준히 이루어지고 있다. 자주 사용되는 프로그램들을 소개하면 다음과 같다.

1) OHP에 따라 그리기

내담자(환자)들은 대부분 새로운 재료에 흥미를 갖고 열중한다. OHP 필름을 이용한 작업은 재료가 특이하고, 완성 후 만족감을 느낄 수 있어서 치료로서의 활용도가 매우 높다.

(1) 목적
소근육 운동 강화 및 손과 눈의 협응 강화, 자신감과 만족감 기르기, 재료의 성질 이해하기

(2) 재료

OHP필름지, 네임펜(검정색), 유성매직(12색 이상), 매직블록, 내담자 수준에 맞는 그림도안

(3) 미술치료의 진행

"여러 가지 그림 도안 중에서 자신이 원하는 도안을 골라 보세요. 그 위에 OHP필름지를 붙이고 검정색 네임펜을 사용하여 그대로 따라 그려 보겠습니다. 그리고 유성매직으로 채색해 주세요."

수정할 사항이 있으면 매직블록을 잘게 잘라 사용하도록 한다. OHP는 표면이 매끄러워 조절 능력이 없는 내담자들에게 불편할 수 있지만 반복 시에는 이를 개선하게 될 수도 있다. 만약 OHP의 사용이 불가능하다면 트레싱지(기름종이)를 사용하도록 한다.

작업이 완성된 후에는 빛이 들어오는 창문에 스카치테이프를 붙이고 감상하도록 한다. 빛을 통해 작품을 감상하면 색다른 맛을 느낄 수 있으며, 작업에 대한 만족감을 얻을 수 있다.

(4) 작업 후 질문

• 그림에 어울리는 제목을 붙여 보도록 한다. 이유는 무엇인가?
• 이 그림을 고른 이유는?
• 어떤 점이 가장 어려웠나?

- 작품이 마음에 드는가?
- 작품 감상 후 느낌은?

이 외에 치료 과정의 상황에 맞게 여러 가지 질문을 치료사가 추가하여 해 보도록 한다. 집단에서는 집단원 간에 원활한 피드백을 이룰 수 있도록 치료사가 유도한다. 격려와 지지를 아끼지 않는다.

(5) 작품사례

그림 54) 그림도안 따라 그리기

그림 55) 창문에 붙여 감상하기

2) 스티커를 활용한 학습활동

대부분의 아동들은 스티커에 흥미를 보인다. 스티커를 사용하는 과정은 일반 사람에게는 단순한 활동이지만 장애를 가진 이들에게는 어려운 활동이 될 수도 있다. 이를 반복하면 학습능력을 기르는 데 많은 도움이 된다.

(1) 목적

손과 눈의 협응 강화, 학습능력 기르기

(2) 재료

여러 가지 색상의 스티커(원, 네모 등 일정한 모양), 8절지

(3) 미술치료의 진행

스티커를 활용한 기법은 다음과 같은 몇 가지 방법으로 진행된다.

① 글자나 숫자의 모양을 따라 스티커를 붙이는 방법

② 기입된 숫자만큼 스티커를 붙이는 방법

③ 모자이크 그림처럼 그림의 면을 따라 붙이는 방법(이 경우 한 면 한 면에 들어 갈 색에 대해 지시하도록 한다.)

④ 더하기 뺄셈 등의 연산에 응용하는 방법

⑤ 이야기를 듣고 이해하여 내용에 알맞게 스티커를 붙이는 방법

계속 수정이 필요한 내담자에게는 OHP나 우드락 판을 사용하도록 한다. 종이판을 사용할 경우 한번 붙이면 재사용할 수 없음을 미리 설명해 주도록 한다.

(4) 작업 후 질문

•어떤 점이 가장 어려웠나?

•활동이 마음에 드는가?

• 작품 감상 후 느낌은?

이 외에 치료 과정의 상황에 맞게 여러 가지 질문을 치료사가 추가하여 해 보도록 한다. 집단에서는 집단원 간에 원활한 피드백을 이룰 수 있도록 치료사가 유도한다. 격려와 지지를 아끼지 않는다.

(5) 작품사례

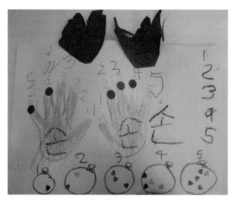

그림 56) 스티커작업(남/8세)
정신지체 아동의 스티커 작업. 1~5까지의 숫자를 익히고 있다. 손을 그리거나, 주머니 안에 숫자와 알맞은 스티커를 붙이는 활동 등은 이들의 학습능력을 키우는 데 많은 도움이 된다.

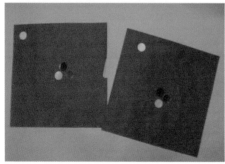

그림 57) 이야기 듣고 스티커 붙이기(남 8세)
스티커를 붙이는 위치에 대한 이야기를 듣고 스티커를 붙이는 작업. "오른쪽 위 모서리에 하얀색 스티커를 붙여 보세요." 이 작업은 이야기에 집중하고 활동을 해야 가능한 작업이므로 반복하면 학습에 많은 도움이 된다. 점점 이야기 구성의 이해 난이도를 높인다.

그림 58) 숫자 따라 붙이기(남/8세)
활동 후의 재미를 더하기 위한 놀이식 접근의 스티커작업. 학습이 주가 될 수 있고 지루함을 없앨 수 있도록 다양한 접근을 시도하는 것은 미술치료의 효과를 증대시킬 수 있다(원과 원 사이를 할핀으로 연결한 뒤 맨 앞과 뒤의 원에 나무막대 손잡이를 부착하여 양손으로 자유자재로 움직여 장난감으로 가지고 놀 수 있도록 하였다.).

3) 우드락 숫자 판화

대부분 인지기능에 장애가 있는 내담자들은 소근육 운동과 손과 눈의 협응에 어려움을 보인다. 이 활동은 소근육 운동을 강화시키고 손과 눈의 협응력을 길러 줄 뿐만 아니라 반대로 찍히는 판화기법의 원리를 토대로 단순하기는 하지만 스스로 반대 개념에 대한 시각적 변화를 인식하도록 한다. 이후의 활동은 물감을 사용하여 롤러를 밀고 찍어 내는 작업을 통해 재미와 미적 감각을 동시에 느낄 수 있도록 하는 복합적 기능을 가진 프로그램이라 할 수 있다. 완성된 판은 조합하여 여러 가지 숫자를 만들 수 있다.

(1) 목적
소근육 운동 강화 및 손과 눈의 협응 강화, 거꾸로 찍히는 반대 개념 원리 이해하기, 숫자 이해하기, 작업의 계열성 익히기

(2) 재료

우드락 판, 나무젓가락(끝을 뾰족하게 깎아서 사용한다.), 롤러, 아크릴 물감(수채 물감은 발색이 되지 않음에 유의한다.)

(3) 미술치료의 진행

판화의 원리를 잘 설명해 준다. 숫자가 바로 찍히려면 어떤 모양으로 써야 할까 생각해 보는 시간을 갖도록 한다. A4용지에 연습해 보도록 한다(검정색 매직으로 숫자를 굵게 쓴 다음 뒤집어 보면 된다.).

작업이 완성된 후에는 여러 가지 색으로 숫자를 찍어 보고, 결과물로 숫자와 숫자를 결합하여 다른 숫자를 만들어 보기도 하고, 더하거나 빼는 숫자 놀이를 해 본다.

(4) 작업 후 질문

• 가장 재미있던 부분은 어디였나?
• 어떤 점이 가장 어려웠나?
• 작품이 마음에 드는가?
• 작품 감상 후 느낌은?

이 외에 치료 과정의 상황에 맞게 여러 가지 질문을 치료사가 추가하여 해 보도록 한다. 집단에서는 집단원 간에 원활한 피드백을 이룰 수 있도록 치료사가 유도한다. 격려와 지지를 아끼지 않는다.

(5) 작품사례

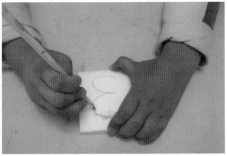

그림 59) 우드락에 숫자 찍기
우드락이 가벼우므로 한쪽 손으로 고정시킨 상
태에서 누르도록 한다.

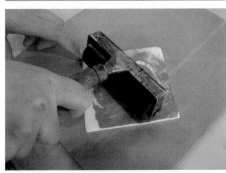

그림 60) 아크릴 물감을 사용하여 롤러로 밀기
롤러로 밀기 전에 아크릴 물감을 충분히 골고
루 묻힌 뒤 작업한다. 물감이 뭉쳐 우드락 판의
구멍에 스밀 수 있다.

그림 61) 종이에 찍어 내기
찍을 때는 재빨리 문질러 떼어 내도록 한다. 아
크릴 물감이 빨리 굳으므로 우드락 판에 종이
가 붙을 수 있다.

숫자에 익숙해지면 이름 작업을 해 보는 것도 좋다. 진행은 33쪽의 이름꾸미기를 참
조한다.

4) 사계절의 나무 그리기

사계절의 변화를 나무를 통해 표현해 보고 인식하는 시간을 갖는다. 계절에 따른 나무의 변화를 표현해 보는 것은 관찰력과 계절에 대한 감각적 기능을 상승시키고 이와 더불어 개개인의 경험과 관련된 다양한 이야기를 끌어낼 수 있다.

(1) 목적
자연의 변화에 대한 인식, 관찰력과 표현력 키우기

(2) 재료
나무도식이 있는 종이(나무 기둥과 가지만 표현된), 물감, 사인펜 등 다양한 드로잉 재료

(3) 미술치료의 진행
봄, 여름, 가을, 겨울에 대한 이야기를 나누어 보고, 각 계절의 특징에 대해 이야기해 본다. 자신의 경험과 이야기를 통해 사계절의 나무를 나누어진 도식에 덧붙여 그려 본다.

색종이를 이용하여 찢거나 오려 붙이는 작업도 도움이 된다. 혹은 나뭇잎 모양의 펀지를 이용하여 여러 개 찍어 낸 뒤 풀을 붙여 도식에 사용하는 것도 좋은 방법이 될 수 있다.

작업이 완성된 후에는 작품을 감상하면서 서로에 대한 이야기를 나누어 본다.

(4) 작업 후 질문

• 그림에 어울리는 제목을 붙여 보도록 한다. 이유는 무엇인가?

• 어떤 점이 가장 어려웠나?

• 작품이 마음에 드는가?

• 작품 감상 후 느낌은?

이 외에 치료 과정의 상황에 맞게 여러 가지 질문을 치료사가 추가하여 해 보도록
한다. 집단에서는 집단원 간에 원활한 피드백을 이룰 수 있도록 치료사가 유도한다.
격려와 지지를 아끼지 않는다.

(5) 작품사례

그림 62) 사계절의 나무(남/35세)
정신분열증환자가 표현한 사계절의 나무. 적절한 색상과 표현은 아니지만, 자신이 인지하고 있는 봄,
여름, 가을, 겨울에 대한 이미지를 잘 표현하고 있다. 봄은 꽃의 탄생, 여름은 나뭇잎의 무성함, 가을은
잎이 떨어지고, 겨울엔 앙상한 가지만 남아 있는 특징적인 표현을 하고 있다.

(6) 응용

그림 63) 사계절의 병풍(여/34세) 정신분열증환자의 작품. 사계절의 뚜렷한 모습을 볼 수 있다. 이런 작품은 본인뿐만 아니라 집단에 함여 참여하는 집단원들의 인지기능에도 많은 영향을 준다. 작업결과와 관련된 이야기를 나누는 것은 환자의 치료에 많은 도움을 준다.

5) 고흐의 방 따라 그리기

명화를 감상하는 것은 정서 함양뿐 아니라 예술적인 감각과 지식을 습득하는 좋은 기회가 될 수 있다. 또한 유명한 작가의 그림을 따라 그리는 활동은 흥미와 재미를 줄 뿐만 아니라 자신감을 고취시키는 역할을 하기도 한다(이 내용에 대한 설명은 82쪽의 명화 따라 그리기를 참조하도록 한다).

이 프로그램은 '고흐의 방(그림 64)'에 들어가는 여러 가지 가구와 장식들을 나누어 주고, 명화의 원본 그대로 표현해 보는 방법이다. 시각적인 감각과 기능을 최대한 발휘하여야 하는 작업이다. 일반인에게는 손쉬운 작업이 될 수 있지만 인지기능이 떨어지는 내담자(환자)들에게는 어려운 작업이 될 수도 있다.

작업이 완성된 후에는 원본 그림과 비교하며 다른 곳을 찾는 게임으로 진행하여도 좋다. 어떤 참여자가 기능상의 문제를 보이는지 치료사는 잘 파악하도록 한다.

(1) 목적

명화의 이해, 관찰력과 표현력 기르기, 시각적 기능 강화

(2) 재료

고흐의 방 그림도안들(채색 없이 테두리만 되어 있도록 만든다.), 풀, 가위, 채색도구, 도화지

(3) 미술치료의 진행

여러 가지 그림도안 중에서 고흐의 방에 들어가는 도안을 골라 보게 한 뒤, 도화지 위에 원본 그림을 보면서 풀을 사용하여 붙이고 채색하도록 한다. 원본 그림과 비교해 가며 각자의 의견을 나눈다. 완성된 그림에서 틀린 그림 찾기 게임을 해 보는 것은 관찰력을 키울 뿐만 아니라 프로그램이 활기 있고 역동적으로 진행되도록 한다.

가끔은 그림에 들어가는 도안들 중 몇 가지를 누락시키고 찾아 그리도록 지시할 수 있다.

(4) 작업 후 질문

• 어떤 점이 가장 어려웠나?
• 작품이 마음에 드는가?
• 작품 감상 후 느낌은?

이 외에 치료 과정의 상황에 맞게 여러 가지 질문을 치료사가 추가하여 해 보도록

한다. 집단에서는 집단원 간에 원활한 피드백을 이룰 수 있도록 치료사가 유도한다.
격려와 지지를 아끼지 않는다.

(5) 작품사례

그림 64) Van Gogh 작 '고흐의 방'
이러한 그림을 치료에 이용할 때에는 치료사는 그림을 그린 작가 및 내용에 대해 환자들에게 충분히 설명할 수 있도록 준비해야 한다.

그림 65) 고흐의 방 따라 그리기-1(남/38세)
정신분열증환자의 작품. 창문이나 문을 그려 넣는 등의 표현은 적절하지만, 가구의 개수, 위치 등이 적절치 못하다. 이러한 부분은 관찰을 통해서 계속적으로 수정해 나가는 작업을 한다.

그림 66) 고흐의 방 따라 그리기-2(남/33세)
정신분열증환자의 작품. 원본 그림에 대해 거의 지각하지 못하고 있는 것으로 보인다. 지각의 장애가 있는 환자들에게 이러한 작업은 유용한 작업으로서 이들의 현실검증력을 상승시킬 수 있는 유익한 프로그램이라 할 수 있다.

6) 관찰하여 그리기

그림을 관찰하여 사실적으로 표현하는 것은 사물에 대한 관찰력과 집중력을 키워 줌으로써 인지발달에 많은 도움을 줄 수 있다. 자칫 너무 교육적으로 진행되면 오히려 부담이 될 수 있기 때문에 진행에 주의해야 한다.

(1) 목적
사물에 대한 관찰력 기르기, 집중력 기르기, 시각적 표현력 증대

(2) 재료
과일, 정물 등 그릴 수 있는 대상 준비, 도화지, 여러 가지 드로잉 재료

(3) 미술치료의 진행
사물을 특징에 대해 이야기 나누어 보고 아는 사실을 그리지 말고 눈에 보이는 사실을 그리도록 지시한다.

작업이 완성된 후에는 다 함께 감상할 수 있도록 한다.

(4) 작업 후 질문
• 가장 표현이 잘된 곳은 어디인가?
• 가장 표현이 부족한 곳은 어디인가?
• 어떤 점이 가장 어려웠나?

• 작품이 마음에 드는가?

• 작품 감상 후 느낌은?

이 외에 치료 과정의 상황에 맞게 여러 가지 질문을 치료사가 추가하여 해 보도록
한다. 집단에서는 집단원 간에 원활한 피드백을 이룰 수 있도록 치료사가 유도한다.
격려와 지지를 아끼지 않는다.

(5) 작품사례

그림 67) 과일 그리기(여/37세)
정신분열증환자가 그린 정물. 사과, 수박, 딸기를
그렸다. 표현은 단순하지만 과일 자체의 색상, 모
양, 크기의 비례를 잘 나타내어 주고 있다. 이런
그림의 경우 크기에 대한 비례를 생각하여 정물
을 구성하는 것도 이들의 인지기능 향상시키는
데 많은 도움을 줄 수 있다.

그림 68) 초상화 그리기(여/49세)
집단에서는 서로의 얼굴을 그려 주고 다 그린 뒤
누구를 그린 그림인지 맞추는 게임식으로 진행
한다(이름은 추첨으로 뽑아 타인에게 알리지 않
은 상태에서 그림을 그리도록 한다.).
각 인물의 특징을 잘 묘사되었는지 등을 관찰하
고 이야기 나눈다.

7) 시트지를 이용한 도형 그림 만들기

시트지에 여러 가지 도형과 모양을 그리고 오려낸 조각을 이용하여 그림을 만들어가는 작업이다. 처음엔 단순 도형으로만 시작하지만 좀 더 복잡한 모양을 사용하여그림을 완성해 간다. 우드락 판을 사용하기 때문에 시트지를 붙였더라도 수정이 쉬워서 쉽게 실패감을 맛보는 아동·청소년에게 유용한 작업이라 할 수 있다.

(1) 목적
사물을 구성하는 능력과 표현력의 증대, 소근육 강화

(2) 재료
여러 가지 색상의 시트지, 가위, 우드락 판

(3) 미술치료의 진행
무엇을 표현하고 싶은가에 대해 충분히 이야기 나눈 뒤 준비된 시트지를 우드락 판을 이용하여 붙인다. 제목을 붙여 보고 이야기 나눈다.

가위를 사용할 수 없는 개인이나 집단에서는 치료사가 보조역할을 해 준다. 가위를 사용할 수 없는 장소에서 프로그램을 시행할 때에는 미리 도형이나 모양을 준비하여 가도록한다.

(4) 작업 후 질문

• 가장 표현이 잘된 곳은 어디인가?

• 가장 표현이 부족한 곳은 어디인가?

• 어떤 점이 가장 어려웠나?

• 작품이 마음에 드는가?

• 작품 감상 후 느낌은?

이 외에 치료 과정의 상황에 맞게 여러 가지 질문을 치료사가 추가하여 해 보도록 한다. 집단에서는 집단원 간에 원활한 피드백을 이룰 수 있도록 치료사가 유도한다. 격려와 지지를 아끼지 않는다.

(5) 작품사례

그림 69) 시트지를 이용한 작업

그림 70) 여러 가지 도형과 모양을 이용하여 그림 만들기

8) 지판화

미술활동 자체는 일정한 계열성(순서)이 있어서 재료를 다루는 과정을 익히는 것은 장애를 가진 사람뿐 아니라 유·아동의 인지발달에 많은 도움을 준다. 특히 판화는 그림을 그리는 것과는 다른 독특한 계열성을 지니므로 더욱 유익하다고 할 수 있다. 지판화는 두께가 있는 종이를 오려 판에 붙인 뒤 물감을 사용하여 롤러로 민 뒤 종이에 찍어 내는 기법이다.

작품의 완성도가 좋아 작업 후 만족감을 느낄 수 있으며, 판화의 특성상 여러 장 찍어 낼 수 있다는 장점을 지닌다. 특히 도형을 이용한 지판화는 일정한 구성능력을 지녀야 하기 때문에 인지기능이 낮은 집단에 유익한 프로그램이라 할 수 있다.

(1) 목적

사물을 구성하는 능력과 표현력의 증대, 집중력 강화

(2) 재료

아트지 여러 장(판으로 이용할 수 있는 것과 실제 모양으로 사용되는 양만큼 준비하도록 한다.), 롤러, 아크릴 판, 아크릴물감, 풀

(3) 미술치료의 진행

지판화의 순서에 대해 자세히 설명해 준 뒤 여러 가지 도형이나 모양을 준비된 아트지 판에 붙이도록 한다. 이때 단단히 붙이지 않으면 롤러로 밀 때 떨어질 수 있으므로

풀을 꼼꼼히 바르도록 지시한다. 완성된 판 위에 물감이 골고루 충분히 묻은 롤러로 밀어 낸다. 아트지 판보다는 여유 있는 크기의 종이를 사용하여 재빨리 찍어 낸다.

(4) 작업 후 질문

•제목을 붙여 보도록 한다.

•가장 표현이 잘된 곳은 어디인가?

•가장 표현이 부족한 곳은 어디인가?

•어떤 점이 가장 어려웠나?

•작품이 마음에 드는가?

•작품 감상 후 느낌은?

이 외에 치료 과정의 상황에 맞게 여러 가지 질문을 치료사가 추가하여 해 보도록 한다. 집단에서는 집단원 간에 원활한 피드백을 이룰 수 있도록 치료사가 유도한다. 격려와 지지를 아끼지 않는다.

(5) 작품사례

그림 71) 바다낚시(남/35세)
정신분열증환자의 작품. 여러 가지 도형을 이용해 바다 낚시를 하는 풍경을 만들어 냈다. 부족한 부분은 치료사의 도움을 받아 완성하 였다(물결, 구름, 물고기). 지판화는 작업 과정에서 흥미와 구성능력을 높이는 효과가 있다.

그림 72) 우주(남/10세)
ADHD(주의력결핍 / 과잉행동장애) 아동의 작품. 평소에
집중이 잘되지 않는 아동이었지만 이 작업에서는 매우
높은 집중력과 착석을 보였다. 활동이 많은 작업이므로
활동량이 많고 집중력이 떨어지는 아동에게 도움을 주
는 프로그램이다.

9) 스텐실

스텐실 역시 판화의 한 기법으로, 앞서 설명한 지판화와 마찬가지로 몇 가지 계열성
을 지닌다. 도형을 이용한 스텐실은 일정한 구성능력을 지녀야 하기 때문에 인지기능
이 낮은 집단에 유익한 프로그램이라 할 수 있다.

(1) 목적
사물에 대한 관찰력 기르기, 집중력 기르기, 시각적 표현력 증대

(2) 재료
여러 가지 모양을 파낸 틀(아트지), 스펀지, 팔레트, 작업용 용지(8절 혹은 4절, 집단
스텐실의 경우 전지), 아크릴 물감

(3) 미술치료의 진행
여러 가지 도형들을 이용하여 만들 수 있는 물건 혹은 형상에 대해 이야기 나누어

본다. 블록을 이용하여 만들었던 경험들을 이야기해도 좋다. 스텐실 기법에 대한 자세한 설명을 해 준다.

모양 틀을 계속 사용하기 위해선 아크릴 물감을 사용한다. 수채용 물감은 계속 사용할 경우 앞에 사용했던 색이 묻어 나오므로 작업이 깔끔하게 이루어지기 어렵다.

(4) 작업 후 질문
• 가장 표현이 잘된 곳은 어디인가?
• 가장 표현이 부족한 곳은 어디인가?
• 어떤 점이 가장 어려웠나?
• 작품이 마음에 드는가?
• 작품 감상 후 느낌은?

이 외에 치료 과정의 상황에 맞게 여러 가지 질문을 치료사가 추가하여 해 보도록 한다. 집단에서는 집단원 간에 원활한 피드백을 이룰 수 있도록 치료사가 유도한다. 격려와 지지를 아끼지 않는다.

(5) 작품사례

그림 73) 여러 가지 모양 틀

그림 74) 모양 틀을 걷은 뒤 모습

그림 75) 물감을 묻힌 스펀지로
모양 틀 찍기

그림 76) 모양 틀을 조합하여
새로운 형상 재구성하기

그림 77) 완성된 모양

(6) 응용

일정한 주제를 주고 주제에 맞게 집단 그림을 유도하는 기법도 있다(예: 바닷속 풍
경, 동물원, 여름, 가을 등의 계절 주제 등)

그림 78) 집단스텐실－정신분열증환자들
의 집단작품
바닷속 풍경을 주제로 완성된 작품. 집단
원이 그린 그림의 도안을 치료사와 함께
도려내어 작업을 완성하였다. 위험이 따
르는 도구의 사용은 주의하도록 한다.

10) 이야기 그림 그리기

이야기를 듣고 이야기의 내용을 그림으로 옮기는 기법이다. 이야기를 잘 이해해야 그림을 그릴 수 있다. 이야기의 내용은 내담자(환자)의 수준에 따라 맞추어 진행해야 하며, 점차 그 수준을 높여 진행하도록 한다.

글로 읽은 뒤 그림을 그리는 것도 비슷한 방법이 될 수 있지만, 타인과의 상호작용 등을 위해서라면 치료자의 진행에 따라 그림을 그려 가는 것이 더 효과적이라 말할 수 있다.

(1) 목적

이야기에 대한 이해능력 및 표현능력 기르기, 타인의 말에 대한 집중력 기르기

(2) 재료

8절 도화지, 여러 가지 드로잉 재료

(3) 미술치료의 진행

"이야기를 잘 듣고 그림으로 그려 주세요."

이해가 되지 않은 내담자가 있다면 크고 정확한 발음으로 반복하여 읽어 준다.

(4) 작업 후 질문

• 이야기를 잘 이해할 수 있었나?

• 표현이 잘된 곳은 어디인가?

• 표현이 잘못된 곳은 어디인가?

• 어떤 점이 가장 어려웠나?

• 작품이 마음에 드는가?

• 작품 감상 후 느낌은?

이 외에 치료 과정의 상황에 맞게 여러 가지 질문을 치료사가 추가하여 해 보도록 한다. 집단에서는 집단원 간에 원활한 피드백을 이룰 수 있도록 치료사가 유도한다. 격려와 지지를 아끼지 않는다.

(5) 작품사례

"뾰족한 산 아래에 무서운 호랑이 한 마리가 살고 있었습니다. 하늘엔 해가 반짝 떠 있습니다."

그림 79) 이야기 그림(남/14세)
정신지체

11) 콜라주(사진)를 이용한 여러 가지 기법들

콜라주는 사진이 주는 정확성 때문에 현실검증력이 떨어지는 정신분열증환자나 인지기능이 저하된 개인 혹은 집단에 매우 유용한 작업이다. 주제별로 사진을 모아 치료에 이용하면 인지발달에 많은 도움을 줄 수 있다.

(1) 목적
관찰력 기르기, 집중력 기르기, 시각적 인지기능 발달, 사물에 대한 이해능력 증대

(2) 재료
여러 가지 사진, 가위, 풀, 도화지(8절, 집단 협동작업인 경우 전지 사용)

(3) 미술치료의 진행
주제에 맞는 사진들을 분류해 놓고 진행하도록 한다. 몇 가지 주제를 소개하면 다음과 같다.

　① "동물원을 꾸미려 합니다. 어떤 동물들이 살고 있을까요? 약한 동물과 무서운 동물은 떨어뜨려 놓거나 분리해 놓아요. 물에 사는 동물은 물속(그림)에 붙여 보세요."

　② "냉장고 안을 채우려 합니다. 냉동실에 들어갈 것은 무엇일까요. 음료수, 과일, 야채 등은 어디에 두어야 할까요."(냉장고 틀을 미리 준비하여 사용하도록 한다.)

　③ "시장 놀이를 하려 합니다. 과일가게, 야채가게, 옷가게, 생선가게, 슈퍼마켓 등

이 있습니다. 각 상점에 들어가는 물건을 알맞게 붙여 보아요."(전지에 여러 상점의 윤곽을 그려 준비한 뒤 진행하도록 한다. 집단 작업으로 사용하는 것이 좋다.)

④ 인물 사진을 보면서 "지금 이 사람은 무슨 생각을 하고 있을까요? 표정을 보면서 생각하고 적어 보도록 합시다."

⑤ "사진에서 마음에 드는 눈, 코, 입, 귀 등을 찾아 새로운 얼굴을 만들어 봅시다."

가위 사용이 어렵거나 위험이 따르는 내담자(환자)는 사용에 주의하도록 한다. 안전 가위를 사용하거나 치료사가 보조역할을 해 준다.

(4) 작업 후 질문
• 가장 표현이 잘된 곳은 어디인가?
• 가장 표현이 부족한 곳은 어디인가?
• 어떤 점이 가장 어려웠나?
• 작품이 마음에 드는가?
• 작품 감상 후 느낌은?

이 외에 치료 과정의 상황에 맞게 여러 가지 질문을 치료사가 추가하여 해 보도록 한다. 집단에서는 집단원 간에 원활한 피드백을 이룰 수 있도록 치료사가 유도한다. 격려와 지지를 아끼지 않는다.

(5) 작품사례

그림 80) 인물이 느끼는 감정(남/38세)
정신분열증환자의 감정 콜라주. 인물의 표정에 나타난
감정 상태를 말풍선을 사용하여 표현하였다. 대부분의
정신분열증환자는 글로 표현하는 데 어려움을 느끼고
단순화하는 경향이 있다.

그림 81) 인물 콜라주－유아작품(여/6세)
사진을 고르고, 그대로 오리고, 다시 모아
서 형상을 재구성하는 과정은 장애아동
뿐 아니라, 유 · 아동의 인지발달에도 많
은 도움을 준다.

12) 퍼즐그림 그리기

우드락 판에 자신이 좋아하는 그림을 그린 뒤, 우드락 커터를 사용하여 조각을 내
고 다시 그림을 맞추는 기법이다. 시중에 그림을 그릴 수 있는 퍼즐 판이 있으므로 그
것을 사용하여도 무방하다. 우드락 판을 사용하는 것은 다양한 조각을 낼 수 있으므
로 내담자(환자)의 수준에 맞춰 제작할 수 있다는 장점이 있다. 우드락 커터기는 열선
을 사용하므로 주의해서 다루도록 한다.

자신의 그림이 게임에 사용이 되므로 재미와 만족감을 동시에 느낄 수 있을 뿐만
아니라 조각을 맞추는 과정은 인지발달에 많은 도움을 준다.

(1) 목적

집중력 기르기, 인지기능 발달, 게임을 통한 놀이적 체험

(2) 재료

우드락(시중에서 구입할 수 있는 그림 그리기용 퍼즐 판), 우드락 커터기, 크레파스 혹은 아크릴 물감

(3) 미술치료의 진행

퍼즐 판에 자신이 좋아하는 그림을 그리도록 한다. 그림에 대한 이야기를 나눈 뒤 조각을 내고 다시 원래의 모양대로 맞추어 본다. 집단에서는 다른 집단원의 퍼즐도 맞추어 본다. 이때 어떤 퍼즐이 맞추기 쉬운지, 어려운지 그 이유에 대해 이야기 나눠 본다.

(4) 작업 후 질문

• 작업에 대한 느낌은 어떠했나?

• 어떤 점이 가장 어려웠나?

• 작품이 마음에 드는가?

• 다시 맞추는 과정은 쉬웠나, 어려웠나? 각각의 이유는 무엇인가?

이 외에 치료 과정의 상황에 맞게 여러 가지 질문을 치료사가 추가하여 해 보도록 한다. 집단에서는 집단원 간에 원활한 피드백을 이룰 수 있도록 치료사가 유도한다. 격려와 지지를 아끼지 않는다.

(5) 작품사례

그림 82) 우드락 퍼즐 그림 그리기(여/11세)
자신이 좋아하는 버블즈 그림을 그리고, 우
드락 커터기로 조각을 내어 완성한 퍼즐. 자
신이 좋아하는 캐릭터를 주제로 사용하면 활
동에 재미와 집중을 더할 수 있다. 좋아하는
이유에 대해 이야기를 나누어 보는 것도 좋
다. 자신이 만든 퍼즐을 가족과 즐기는 것은
가족미술치료의 프로그램으로도 사용된다.

13) 선 그리고 숨은 그림 찾기

직선이나 곡선을 수직·수평으로 여러 번 그은 다음 그 안에서 지정하는 대상이나
생물들을 찾는 기법이다. 수직·수평선을 긋는 것은 집중할 수 있는 힘을 길러 주고
그 안에서 여러 가지 대상물을 찾는 것은 관찰력을 기르고, 작업에 대한 재미와 흥미
를 길러 줄 수 있다. 이 작업은 일반 아동이나 성인을 대상으로 진행하여도 많은 도움
이 된다.

(1) 목적
집중력 및 관찰력 기르기, 인지기능 발달, 게임을 통한 놀이적 체험

(2) 재료

전지 혹은 보드 판이나 칠판, 크레파스, 보드용 마카, 색분필 등

(3) 미술치료의 진행

벽에 전지를 붙이거나 칠판 혹은 보드 판을 사용하여 수직·수평선을 긋도록 한다. 직선 혹은 곡선으로 그을 수 있다(수평선을 그을 때는 좌측에서 우측으로, 우측에서 좌측으로 방향을 바꿔 가며 긋는다. 수직선 역시 위에서 아래로, 아래에서 위로 방향을 바꿔 가며 긋는다. 이 방법은 자신을 통제하고 조절하는 힘을 길러 준다.). 또한 오른손 왼손을 번갈아 사용하면 우뇌, 좌뇌의 활성화 및 신체기능을 활성화하는 데 도움이 된다. 완성된 그림에서 대상물을 찾아 색을 칠하도록 한다. 작품이 완성되면 이야기를 나눈다.

이 작업은 한 사람의 작업으로 하기도 하지만 한 사람씩 차례대로 선을 긋고 대상을 찾는 집단 작업으로 진행할 수도 있다.

(4) 작업 후 질문

• 작업에 대한 느낌은 어떠했나?

• 어떤 점이 가장 어려웠나?

• 작품이 마음에 드는가?

이 외에 치료 과정의 상황에 맞게 여러 가지 질문을 치료사가 추가하여 해 보도록 한다. 집단에서는 집단원 간에 원활한 피드백을 이룰 수 있도록 치료사가 유도한다.

격려와 지지를 아끼지 않는다.

(5) 작품사례

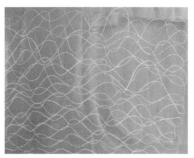

그림 83) 곡선 좌우로 긋기
좌측에서 우측, 우측에서 좌측으로 선을 연결시켜 긋도록 한다.

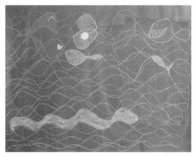

그림 84) (그림 83)에서 바닷속에 사는 생물 찾기

그림 85) 곡선을 자유롭게 옮겨 그리기
음악을 듣거나 상상할 수 있다면 리듬을 타는 듯한 느낌으로 선을 긋는다. 이완작업에도 도움이 된다.

그림 86) (그림 85)에서 고양이 찾기
고양이와 더불어 생쥐도 함께 찾았다. 이 작업은 집중력을 키우게도 하지만 내담자(환자)에게 작업에 대한 기쁨과 즐거움을 주기도 한다.

　그림 83~86은 모두 칠판과 색분필을 사용한 작업이다. 칠판을 사용할 수 없다면 전지를 벽에 붙여 사용하거나, 보드 판에 보드용 마카를 사용하여도 좋다.

4. 협동작업 프로그램

미술치료의 형태는 크게 개인치료와 집단치료로 구분할 수 있다. 개인치료의 경우는 개인작업(미술치료활동)을 통해 치료사와 내담자(환자)와의 대화, 치료사의 격려와 지지, 내담자 스스로의 자기통찰, 보호자 면담을 통한 가족 내의 변화가 치료대상자의 증상을 완화시키는 역할을 한다. 그러나 집단치료의 경우 여기에 한 가지 치료적 효과가 첨가된다. 그것은 집단치료에 함께 참여하는 집단원들의 활동이다.

집단치료에 있어서 집단원들은 숨겨진 치료사와 같다. 그들은 함께 미술치료에 참여하며 집단 내에서 서로의 활동에 대해 격려하고 지지하며, 공감과 이해 등을 통해 집단의 변화를 주도해 간다.

이처럼 집단치료 안에서는 미술치료활동의 형태가 개인적인 작업이라 할지라도 개개의 작업들은 다른 참여자에게 영향을 주며 집단의 변화요인으로 작용한다. 이것은 의도적이지 않은 자연적인 변화로 보인다. 그 이유는 각기 다른 삶을 살고 있기는 하지만 우리에게는 이미 인간으로서 서로의 경험에 대해 이해할 수 있는 충분한 공감대가 형성되어 있기 때문이다.

집단치료 안에서 개인 작업이 주는 변화요인이 의도적이지 않은 데 비해, 집단치료에서 의도적으로 변화를 유도해 가는 미술치료기법들이 있다. 그것은 공동화 작업 혹은 협동 작업으로 불리는 기법이다. 이 기법은 혼자서는 할 수 없는 활동들로 구성되어 있으며, 집단원의 화합과 개인의 변화, 배려 없이는 이루어질 수 없으므로 개인작업과는 많은 차이를 보인다. 자신의 개성보다는 집단과의 화합을 목표로 진행되기 때문이다. 이러한 작업을 통해 집단치료에 참여하는 내담자(환자)들은 집단 내의 상호작용을 통해 스스로 변화하고 크고 작은 사회 속에서 타인과 함께 살아가는 방법을 배우게 된다.

이 기법은 가족치료, 부부치료, 아동·청소년의 사회성 발달, 대인관계에 문제를 보이는 여러 연령층의 집단에서 다양한 방법으로 시도되고 있다. 필자가 주로 사용하는 기법들을 소개하면 다음과 같다.

1) 종이 돌려 그리기(그림으로 하는 대화)

이 기법은 개인치료에서도 치료사와 내담자(환자)와의 라포 형성을 위해 자주 사용되고 있는 기법이다. 부부치료, 가족치료, 집단치료의 초기에 주로 쓰이며, 대부분의 집단치료 참여자들은 작업을 통해 자신과 타인과의 차이점, 서로 맞추어 살아가는 방법들을 알아가게 된다. 가끔은 너무 다른 차이점들로 인해 집단 안에서 불편함을 호소하기도 하지만 치료회기가 지나감에 따라 그 불편함을 자신의 긍정적인 변화로 바꾸어 가기도 한다.

(1) 목적
타인과의 대화능력 및 상호관계 향상

(2) 재료
도화지(집단의 크기에 따라 용지크기도 변화), 크레파스, 매직, 사인펜, 물감 등 여러 가지 드로잉 재료

(3) 미술치료의 진행

한 사람씩 차례로 그림을 이어서 그리도록 한다. 이때 무엇을 그렸다, 무엇을 그려라 등의 말은 하지 않도록 하며, 한 사람이 너무 많은 면적의 그림을 그리지 않도록 용지에 그림도구를 한 번도 떼지 않은 연결선으로 그리도록 제한을 둔다(예: 8은 이어져 있는 형태이지만 ⊕형태의 그림은 용지에서 그림도구를 몇 번 떼는 형태가 된다.). 차례대로 그림을 그리고 몇 바퀴 종이가 돌아가면 집단의 합의하에 활동을 멈추도록 한다. 완성된 작품의 제목을 붙여 보고, 작업 과정에 대한 느낌을 이야기 나눈다.

집단 안에서 2인 1조가 되어 하기도 하고, 집단 전체가 한 장의 그림을 그리기도 한다. 집단 전체가 한 장의 그림을 그리는 경우 큰 종이를 사용한다.

(4) 작업 후 질문
• 작업하는 과정 중 어떤 느낌이 들었나?
• 어떤 부분이 가장 힘들었나?
• 작업결과가 맘에 드는가?
• 그림의 어느 부분이 가장 마음에 드는가? 혹은 마음에 들지 않는가?
• 내가 작업한 부분이 그림에 어울리는가? 그렇지 않은가? 그 이유는 무엇이라고 생각하는가?
• 작품 감상 후 느낌은 어떠한가?
• 다시 작업하고 싶은 생각이 있는가? 있다면 그 이유는 무엇인가?
• 혼자 그리는 것과는 어떤 점이 다른가?

• 혼자 그리는 것과 타인과 함께 어울려 그리는 것, 나는 어떤 작업이 더 맘에 드는가?

이 외에 치료 과정의 상황에 맞게 여러 가지 질문을 치료사가 추가하여 해 보도록 한다. 집단에서는 집단원 간에 원활한 피드백을 이룰 수 있도록 치료사가 유도한다.

(5) 작품사례

그림 87) 세 자매의 작품(여/10세, 12세, 13세)
세 자매는 서로 대화가 없고 자주 싸웠지만, 그림을 통해 재미를 얻고 서로 이해할 수 있었으며, 자신의 그림에 다른 자매의 손길이 닿는 것이 고맙다고 이야기했다.

그림 88) 정신분열증환자의 집단 작품(여)
완성된 그림을 감상하면서 환자들은 어울리는 것과 그렇지 않은 것, 자신의 실수 등을 이야기한다. 환자의 대부분은 그림을 그리며 서로 이해하고, 타인과 어울리기 위해 노력했다고 말하고 있다.

2) 조각 그림 그리기

테두리만으로 그려진 한 장의 그림을 집단원들이 나눠(조각으로 나누어) 채색하여 완성하는 기법이다. 한 장의 통일된 그림으로 완성되어야 하므로 집단의 참여자들은 자신의 그림에만 집중하는 것이 아니고, 각각의 그림이 연결된 부분들을 생각하며 타인의 작업에 지속적인 관심을 가져야 한다. 자신만의 개성을 강조하지 않고 자신을 타인에게 맞춰 가는 방법과 집단 안에서 화합할 수 있는 방법을 배워 가는 활동이라 말할 수 있다.

(1) 목적

자신에 대한 인식 및 대인관계, 사회성 향상

(2) 재료

그림이 그려져 있는 화지(전지 크기), 크레파스, 매직, 사인펜, 물감 등 여러 가지 드로잉 재료

(3) 미술치료의 진행

전지 크기의 종이에 치료사가 테두리로 완성된 그림도안을 준비한다. 이때 보편적으로 생각할 수 있는 색상의 주제를 선택하도록 한다(산, 강, 나무 등 자연물의 소재가 도움이 된다.). 그림 도안을 보여 주고 참여자 수만큼 종이를 등분하여 나눠 주고 채색하여 완성하도록 한다. 작품이 완성된 뒤 다시 이어 붙여 완성된 작품을 감상하고 이야기 나눈다.

완성된 작품을 어울리도록 다시 수정하는 작업을 하기도 한다. 이때 타인의 작업을 수정하는 것에는 집단원의 양해를 구한다.

(4) 작업 후 질문

• 작업하는 과정 중 어떤 느낌이 들었나?

• 어떤 점이 가장 힘들었나?

• 작업결과가 맘에 드는가?

• 그림의 어느 부분이 가장 맘에 드는가? 혹은 마음에 들지 않는가?

• 내가 한 부분이 그림에 어울리는가? 그렇지 않은가? 그 이유는 무엇이라고 생각하는가?

• 작품 감상 후 느낌은 어떠한가?

• 다시 작업하고 싶은 생각이 있는가? 있다면 그 이유는 무엇인가?

• 내 작업을 타인이 수정한 것에 대해 어떤 생각을 하였나?

이 외에 치료 과정의 상황에 맞게 여러 가지 질문을 치료사가 추가하여 해 보도록 한다. 집단에서는 집단원 간에 원활한 피드백을 이룰 수 있도록 치료사가 유도한다.

(5) 작품사례

그림 89) 집단 조각 그림 그리기

그림 90) 그림 수정하기

그림 91) 수정 뒤 완성된 작품
어울리지 않는 곳도 보이지만 처음
작업(그림 89)에 비해 정돈된 모습을
보여 주고 있다. 인지기능이 낮은 집
단에서는 수정할 부분을 찾아내는
것도 인지발달에 많은 도움이 된다.

그림 92) 스테인드글라스 그리기(정
신보건센터 회원 작품)
정신보건센터 회원인 정신장애인의
조별 협동작품. 미리 도안을 준비하
여 각각의 조각을 이어 창문에 장식
하였다. 집단 간의 상호작용과 개인
적인 통제가 필요한 환자들에게는
서로 이해하고 화합할 수 있는 협동
작업과 이에 적합한 미술재료가 필
요하다. 이 기법은 개인 작업이 하
나로 통합되어 전체의 하나가 되도
록 유도하는 집단미술치료기법이

다. 재료는 트레싱지와 유성매직이 사용되었다. 마치 고딕 성당의 스테인드글라스를 연상하게 한다.
이러한 결과는 환자 개개인에게 성취감과 만족감을 주고, 집단 안에서의 책임감을 기를 수 있게 할
뿐만 아니라, 다음 치료에 대한 기대감도 갖게 하여 치료적 효과가 크다고 할 수 있다(프로그램 계발
자 최은진(2006)/ 부천대학교 겸임교수).

(6) 응용

• 조별 조각 그림 그리기

참여자가 많은 집단에서는 몇 개의 조로 편성하여 같은 그림을 완성하게 하는 진
행을 해도 좋다. 조별 간의 경쟁이 생기면 단결력도 생기고 작업에 더욱 열중할 수
있다.

3) 세상에서 가장 높고, 튼튼하고, 아름다운 다리 만들기

이 기법은 4~6명이 한 조가 되어, 5그룹 이상의 인원 참여가 이루어질 때 가장 역동적으로 진행될 수 있는 프로그램이다. 다리를 만들기 위해선 설계에서부터 시작하여 기둥을 만들기, 다리 상판 올리기, 장식하기 등 마무리 작업에 이르기까지 많은 역할과 분담이 필요하고 서로 화합되어야만 좋은 작업결과를 얻을 수 있다. 세상에서 가장 높고, 튼튼하고, 아름다운 다리를 만들기 위해선 집단 안에서 많은 의견이 나올 수 있다. 어떤 의견을 수용할 것인가 하는 문제는 작업의 결과에 큰 영향을 미칠 수 있다. 그렇기에 이 기법은 작업하는 동안 많은 생각을 갖게 하며, 집단 안에서 자신의 역할이 무엇인지 깨달음과 동시에 집단이 함께 단결하는 힘을 배울 수 있다.

(1) 목적

집단 안에서의 역할 분담 이루기, 협동심과 단결력 기르기, 타인의 의견에 귀 기울이기

(2) 재료

여러 가지 종류의 박스들(많이 필요함), 접착제(굵은 테이프, 풀, 가정용 본드 등), 장식품들, 포장지, 드로잉 재료, 다리를 꾸밀 수 있는 여러 가지 장식 재료들

(3) 미술치료의 진행

종류별로 모은 박스 및 기타 재료들을 각 조별로 똑같이 분배한다. 제목 그대로 세

상에서 가장 높고, 튼튼하고, 아름다운 다리를 만들도록 지시한다. 튼튼함, 높음, 아름다움 어느 것 하나도 빠지면 안 되므로 각 조는 회의를 거쳐 다리 만들기를 진행하도록 한다. 각 조의 완성품을 한곳에 모아 두고 평가 시간을 갖도록 한다(높이는 자를 이용하여 수치를 재고, 튼튼함은 무거운 가방을 올려 무너지지 않는 것으로 한다. 단 아름다움은 매우 주관적일 수 있으므로 가장 아름답다고 생각하는 다리에 표를 주도록 하여 합계를 계산한다.).

(4) 작업 후 질문
- 작업하는 과정 중 어떤 느낌이 들었나?
- 어떤 점이 가장 힘들었나?
- 작업결과가 맘에 드는가?
- 서로 의견이 맞지 않을 때는 어떠하였나?
- 가장 많은 의견을 제시한 사람은 누구였나?
- 나는 역할을 하였나?
- 각 조원들의 역할 분담은 공평하게 이루어졌나?
- 가장 주도적인 역할을 한 사람은 누구였나?
- 작업하는 동안 다른 조의 작업에 관심을 가지고 있었나?

이 외에 치료 과정의 상황에 맞게 여러 가지 질문을 치료사가 추가하여 해 보도록 하며, 집단원 간에 원활한 피드백을 이룰 수 있도록 치료사가 유도하도록 한다.

(5) 작품사례

그림 93) 다리 만들기에 열중하는 가족들의 모습. 조별 경쟁은 집단 및 가족 간의 결속을 강화시키고 협동하는 힘을 기르도록 한다.

그림 94) 세상에서 가장 높고, 아름답고, 튼튼한 다리 만들기
-가족치료
조별 간의 경쟁으로 이루어지는 이 작업은 협동과 단결이 잘 이루어지도록 만든다. 대부분의 참여자들은 작업하는 동안 소속감을 느끼고 자신의 역할에 최선을 다하게 되었다고 이야기한다.

4) 가족 배 만들기

이 기법은 필자가 가족미술치료에서 자주 이용하는 프로그램으로 조별 가족 치료 프로그램으로 고안하였다. 가족이 한 조가 되어, 5그룹 이상의 인원 참여가 이루어질 때 가장 역동적으로 진행될 수 있다. 다리 만들기와 마찬가지로 많은 역할과 분담이 필요하고 서로 화합되어야만 좋은 작업결과를 얻을 수 있다.

무조적인 경쟁보다는 한 가족이 한 배에 타고 항해를 하는 의미가 담겨 있는 작업이므로 작업하는 동안 참여자는 가족의 의미를 다시 한 번 생각하는 시간을 가질 수 있다. 가족 안에서 자신의 역할을 다지고, 가족과 의견을 교환하여 단결하고 협동하는 마음을 갖게 된다.

(1) 목적

가족 안의 역할 다지기, 가족 간의 단결 및 협동심 기르기, 가족의 의미 깨닫기

(2) 재료

전지 크기의 켄트지, 여러 가지 장식재료, 여러 가지 드로잉 재료, 접착제, 리본 등 만들기 재료

(3) 미술치료의 진행

"가족은 한 배를 타고 한곳을 향해 항해를 하는 배와 같습니다. 오늘은 항해를 하기 위해 우리 가족이 타고 갈 배를 만들려고 합니다. 켄트지로 배를 접은 뒤 가족들과 상의하여 멋지고 아름다운 배를 만들어 주세요."

(4) 작업 후 질문

• 작업하는 과정 중 어떤 느낌이 들었나?

• 어떤 점이 가장 힘들었나?

• 작업결과가 맘에 드는가?

• 서로 의견이 맞지 않을 때는 어떠하였나?

• 가장 많은 의견을 제시한 사람은 누구였나?

• 나는 가족 안에서 어떤 역할을 하였나?

• 각 조원들의 역할 분담은 공평하게 이루어졌나?

• 가장 주도적인 역할을 한 사람은 누구였나?

• 작업하는 동안 다른 조의 작업에 관심을 가지고 있었나?

이 외에 치료 과정의 상황에 맞게 여러 가지 질문을 치료사가 추가하여 해 보도록 하며, 집단원 간에 원활한 피드백을 이룰 수 있도록 치료사가 유도하도록 한다.

(5) 작품사례

그림 95) 가족 배 만들기-그룹 가족 치료(가족 4인 작품) 작업에 참여했던 가족은 가족이 함께하는 시간을 가진 것이 가장 기뻤으며, 작업을 하는 동안 그동안 느끼지 못했던 가족 안에서의 역할과 결속력을 느낄 수 있었다고 소감을 밝혔다.

그림 96) 가족을 만들어 태운 배의 모습. 자발적으로 이루어진 작업이다. 이처럼 가족만의 독특한 표현 작업은 가족 간의 결속을 더욱 강화시킨다.

5) 신문지를 이용한 커다란 동물 만들기

신문지를 이용하여 커다란 동물을 함께 만드는 작업이다. 앞서 진행된 프로그램과 마찬가지로 집단치료 참여자의 역할 분담이 잘 이루어져야 한다. 어떤 동물을 만들 것인지, 만드는 방법, 마무리 단계까지 잘 의논하고 협동하며 진행하여야 한다. 작업결과에 대한 만족감이 높아 자신감과 성취감을 맛볼 수 있으며, 집단의 결속을 더욱 강화시킨다. 물리적인 힘이 요구되므로 집단에 성인이 함께하는 것이 좋지만 그런 세팅이 아닐 경우는 치료사가 도움을 주며 진행하도록 한다. 한 집단의 작업으로 진행할 수도 있지만 몇 개의 조로 편성하여 진행하면 '동물원'이라는 커다란 집합체를 만들 수 있어 성취감을 더욱 고조시킨다. 이 작업은 아동·청소년들이 속해 있는 집단을 대상으로 진행하는 것이 효과적이다.

유치원이나 초등학교에서의 집단활동 및 교실 꾸미기에도 적합한 활동으로 아이들의 동심과 창의력을 키울 수 있는 유익한 활동이다.

(1) 목적

집단 안에서의 역할 분담 이루기, 협동심과 단결력 기르기, 성취감과 만족감 느끼기, 놀이 체험

(2) 재료

신문지, 굵은 테이프, 밀가루 풀, 물, 아크릴 물감, 페인트용 붓, 마무리에 필요한 장식품들, 접착제

(3) 미술치료의 진행

• 먼저 만들어야 하는 동물에 들어갈 부위가 몇 개인지 정한다(예: 곰-머리, 몸통, 다리(4개), 꼬리, 귀 등)
• 필요한 부위의 모양과 개수를 결정하여 신문지로 뭉쳐 모양을 만든 다음 굵은 테이프로 말아서 모양을 고정한다.

- 각 부위를 굵은 테이프로 연결하여 고정한다.
- 하나로 연결된 동물의 표면을 신문지로 도배하듯 매끈하게 마무리해 준다(밀가루 풀에 물을 섞어 사용).
- 아크릴 물감으로 색을 칠한다.
- 필요한 장식을 접착제를 사용하여 붙인다.

(4) 작업 후 질문
- 작업하는 과정 중 어떤 느낌이 들었나?
- 어떤 점이 가장 힘들었나?
- 작업결과가 맘에 드는가?
- 서로 의견이 맞지 않을 때는 어떠하였나?
- 가장 많은 의견을 제시한 사람은 누구였나?
- 나는 역할을 하였나?
- 각 조원들의 역할 분담은 공평하게 이루어졌나?
- 가장 주도적인 역할을 한 사람은 누구였나?

이 외에 치료 과정의 상황에 맞게 여러 가지 질문을 치료사가 추가하여 해 보도록 하며, 집단원 간에 원활한 피드백을 이룰 수 있도록 치료사가 유도하도록 한다.

(5) 작품사례

그림 97) 신문지로 뭉쳐서 동물의 부위에 필요한 모양을 만드는 작업. 신문지를 한 장씩 뭉쳐서 필요한 모양을 만들어 간다.

그림 98) 테이프로 모양 고정 시키기. 하단 부분을 단단히 고정시켜야 완성 후 중심을 잡을 수 있다.

그림 99) 연결된 동물의 표면을 밀가루 풀로 도배하기. 이 과정을 거치면 일주일 정도 말리도록 한다.

그림 100) 함께 만드는 동안 아동들은 집중하며 재미와 더불어 단결하는 힘을 기른다. 완성 후에는 한 가지 더 만들고 싶은 욕구가 생긴다고도 말한다. 이러한 욕구는 미술표현에 대한 자신감과 표현력을 높인다.

그림 101) 신문을 이용하여 만든 여러 가지 동물들

그림 102) 아크릴 물감을 칠한 동물의 모습. 아이들의 의자로도 활용할 수 있다. 완성 후에는 시중에 판매되는 눈을 붙이거나 스스로 그려 넣도록 한다.

6) 여러 가지 협동작업

한 가지 주제에 맞춰 집단원이 어울려 그림을 그리거나 만들어 가는 작업이다. 주로 유·아동이나 인지기능이 낮은 집단에서 사용한다. 주제에 맞춰 작업을 하지만 하나하나의 요소를 그려 나가거나 만들어 가는 과정에서 자신의 개성을 맘껏 발휘할 수도 있다.

주제에 맞는 대상을 생각하는 것, 함께 어울려 작업하는 것은 개인적인 발전과 더불어 집단 안에서 협동하는 힘을 기를 뿐 아니라 하나가 모여 전체가 된다는 확장된 개념을 인식할 수 있도록 한다.

(1) 목적
타인과의 대화능력 및 상호관계 향상, 하나가 모여 전체를 이루는 과정을 인식한다. 이 외에 각 주제에 맞는 세부적인 목표가 설정된다.

(2) 재료

도화지(집단의 크기에 따라 용지 크기도 변화), 크레파스, 매직, 사인펜, 물감 등 여러 가지 드로잉 재료, 찰흙, 찰흙도구, 찰흙 판 사진을 이용한 콜라주 등 주제에 맞는 재료를 준비한다.

(3) 미술치료의 진행

치료사가 오늘의 주제가 무엇인지 이야기해 준 다음 주제에 들어갈 대상들을 각각 작업하도록 한다. 자신의 작업을 어울리도록 배치한다. 다 같이 감상하고 이야기를 나눈다. 몇 가지 프로그램을 소개하면 다음과 같다.

① 마을 꾸미기

② 바닷속 꾸미기

③ 하늘, 바다, 땅에 있는 동물들

④ 동물원 꾸미기

⑤ 시장 만들기

(4) 작업 후 질문

• 어떤 부분이 가장 힘들었나?

• 작업결과가 맘에 드는가?

• 혼자 하는 작업과는 어떤 점이 다른가?

이 외에 치료 과정의 상황에 맞게 여러 가지 질문을 치료사가 추가하여 해 보도록

한다. 집단에서는 집단원 간에 원활한 피드백을 이룰 수 있도록 치료사가 유도한다.

(5) 작품사례

그림 103) 마을 꾸미기
마을에 들어가는 여러 가지 자연과 생활 시설 등에 대해 이야기 해본 뒤 각자 그리고 싶은 대상을 원하는 자리에 붙여본 작업. 타인과 어울리는 방법과 자신의 주변 환경에 대해 생각해볼 수 있는 시간을 갖는다.

그림 104) 동물원 꾸미기
동물원이라는 주제에 맞추어 자신이 만들고 싶은 동물을 만들고 적당한 자리에 배치한다. 좋아하는 이유, 표현 방법 등에 대해 집단원들과 이야기 나눈다.

그림 105) 하늘, 땅, 바다 속에 있는 것
각 공간에 사는 생물들과 대상들을 그리고 오려 각 공간에 배치하고 있는 장면. 각 대상에 대해 생각해야 하고 묘사하는 과정은 아동의 인지발달에 많은 도움을 준다. 대상을 그릴 때는 실물사진을 보여 주거나 치료사가 대상의 특징을 설명해 주는 방식으로 진행하여도 좋다. 작업이 끝난 뒤에는 작업에 대한 느낌과 과정에 대해 이야기를 주고받는다.

그림 106) 시장 꾸미기
과일가게와 생선가게를 꾸민 유아들의 집단 작
품. 과일의 종류와 생선의 종류에 대한 이야기들
을 나누며 진행하였다. 각기 다른 종류의 과일이
나 생선 등을 그리는 과정은 사물을 관찰하는 능
력과 표현능력을 높일 수 있다. 인지기능이 낮은
집단의 프로그램으로도 효과적이다.

그림 107) 야채가게와 옷가게
(그림 106)과 같은 효과를 얻을 수 있다.

7) OHP를 이용한 그림기법

집단원 각각이 OHP 필름에 주제에 맞는 그림을 그린 뒤, 일정한 간격을 두고 겹쳐
보면 입체그림이 완성된다. 타인의 그림을 인식하지 않아도 되고, 주제에 맞는 그림을
그리면 된다. 그렇지만 작품의 결과는 개개의 작품 하나하나가 모여 조화를 이루는
멋진 집단 작품이 된다.

(1) 목적
타인과의 대화능력 및 상호관계 향상, 하나가 모여 전체를 이루는 과정을 인식한
다. 이 외에 각 주제에 맞는 세부적인 목표가 설정된다.

(2) 재료

OHP, 유성마카, 네임펜(유성펜과 네임펜은 색상이 많은 것으로 준비한다.)

(3) 미술치료의 진행

치료사가 오늘의 주제가 무엇인지 이야기해 준 다음 주제에 들어갈 대상들을 각각 OHP 위에 작업하도록 한다. OHP를 여러 겹 끼울 수 있는 받침대를 미리 준비하여 완성된 작품을 끼워 감상하도록 한다. 서로의 느낌에 대해 이야기를 나눈다. 이 프로그램에도 몇 가지 주제를 정하여 진행할 수 있다.

① 마을 꾸미기

② 바닷속 꾸미기

③ 숲 속 꾸미기

④ 동물원 꾸미기

(4) 작업 후 질문

•어떤 부분이 가장 힘들었나?

•작업결과가 맘에 드는가?

•혼자 하는 작업과는 어떤 점이 다른가?

이 외에 치료 과정의 상황에 맞게 여러 가지 질문을 치료사가 추가하여 해 보도록 한다. 집단에서는 집단원 간에 원활한 피드백을 이룰 수 있도록 치료사가 유도한다.

(5) 작품사례

그림 108) 바닷속 꾸미기
3장의 OHP 작품을 겹쳐 보이도록 한 협동 작품. 물고기들이 마치 거리를 두고 있는 듯한 입체감을 느낄 수 있다. 작업결과에 대한 만족도가 높은 작품이다.

8) 집단화 그리기

집단이 함께 어울려 그림을 그리는 프로그램이다. 집단이 한 가지 주제를 정하거나 치료사가 제시한 주제에 맞춰 스케치에서 채색까지 다 함께 그려 가는 방법과 한 공간에 개개인이 자기만의 개성적인 그림을 그리고, 그 작업을 집단이 조화롭게 만들어 마무리하는 두 가지의 진행방법이 있다. 집단이 함께하는 작업이므로 작업공간이 커야하며, 집단의 배려, 공감, 이해, 협동이 요구된다.

(1) 목적

타인과의 대화능력 및 상호관계 향상, 하나가 모여 전체를 이루는 과정을 인식한다. 이 외에 각 주제에 맞는 세부적인 목표가 설정된다.

(2) 재료

큰 종이(보통 전지 사이즈의 종이를 4~8장 정도 이어서 작업한다.), 여러 크기의 붓, 아크릴 물감, 수채물감, 수성페인트 등 여러 가지 드로잉 재료

(3) 미술치료의 진행

집단원이 주제를 정하거나 치료사가 지시한 주제에 맞춰 그림을 스케치한 다음 채색한다(주제에 맞는 여러 가지 대상에 대해 이야기해 보고 스케치를 하도록 하며, 종이를 벽면에 부착하거나 바닥에 놓고 그림을 그릴 수 있다.). 작업 과정 및 작업결과에 대한 느낌을 집단원과 이야기 나눈다.

(4) 작업 후 질문

- 작업에 대한 느낌은 어떠한가?
- 어떤 부분이 가장 힘들었나? 이유는 무엇이라 생각하는가?
- 내 작업은 전체의 작업에서 어떤 역할을 하는가?
- 작업결과가 맘에 드는가?
- 혼자 하는 작업과는 어떤 점이 다른가?
- 혼자 하는 작업과 집단이 함께하는 작업, 나는 어떤 작업을 선호하는가? 이유는 무엇이라 생각하는가?

이 외에 치료 과정의 상황에 맞게 여러 가지 질문을 치료사가 추가하여 해 보도록 하며, 집단원 간에 원활한 피드백을 이룰 수 있도록 치료사가 유도한다.

(5) 작품사례

그림 109) 하늘, 땅, 바다라는 주제에 맞춰 그림을 그리는 아동들. 이 작업은 자신의 개성보다는 타인과 함께 한 가지 주제를 목표로 그림을 그려 나가기 때문에 서로에 대한 이해와 배려가 없이는 이루어지기 힘들다. 함께 작업하는 과정에서 협동심과 자신을 통제할 수 있는 능력을 기르게 한다.

9) 집단 난화에서 숨은 그림 찾기

집단원이 함께 그린 난화에서 차례대로 숨은 그림을 찾는 게임식 기법이다. 집단미술치료 초기에 사용하면 효과적이다. 미술치료 초기 집단원 간의 어색함을 감소할 수 있으며, 게임식으로 진행이 되어 작업에 흥미를 느끼고, 집중할 수 있으며, 작업 과정을 즐길 수 있다.

(1) 목적
집단미술치료 초기 집단 간의 어색함 감소, 놀이적 체험, 집중력 향상

(2) 재료

켄트지 전지, 유성마카, 아크릴 물감, 크레파스, 여러 종류의 붓, 팔레트, 물 등 여러 가지 드로잉 재료

(3) 미술치료의 진행

집단원이 차례대로 난화를 그린 다음, 난화 속에서 숨은 그림들을 찾아내어 채색한다. 집단원이 찾은 그림들에 대해 여러 가지 이야기들을 나눠 본다. 다양한 그림들을 찾아냄으로 인해 집단원 간의 칭찬과 격려 지지 등이 나올 수 있다. 이러한 역동성은 집단치료를 끌어 나가는 원동력이 된다.

(4) 작업 후 질문

• 작업 과정에 대한 느낌은 어떠한가?

• 작업결과가 맘에 드는가? 그렇지 않은가? 각각의 이유는 무엇인가?

• 혼자 하는 작업과는 어떤 점이 다른가?

이 외에 치료 과정의 상황에 맞게 여러 가지 질문을 치료사가 추가하여 해 보도록 하며, 집단원 간에 원활한 피드백을 이룰 수 있도록 치료사가 유도하여 진행한다.

(5) 작품사례

그림 110) 집단 난화 그리기
편안한 마음으로 집단원 모두가 차례대로 난화
를 그린다.

그림 111) 난화 속에서 숨어 있는 그림들을 찾아
내어 채색하고 모자란 부분을 보충하여 그린다.
이 과정은 작업에 대한 재미를 줄 뿐 아니라 집
중력과 창의력을 발달시키는 데 도움을 준다.

그림 112) 난화에서 숨은 그림 찾기(파스텔 작품)

그림 113) 난화에서 숨은 그림 찾기
각자가 숨어 있는 그림을 찾아 채색한 다음, 집단원은 그림이 어울릴 수 있는 방법을 모
색한다. 치료사의 조언이 필요할 수 있다. 완성된 그림은 각 개인이 가진 표현능력과 창
의력을 보여 줄 수 있으며, 더불어 집단이 함께 단결해 나가는 과정을 배울 수 있다.

10) 개인치료에서의 집단화 그리기

　미술치료는 크게 개인치료와 집단치료로 구분할 수 있다. 개인치료는 개인의 증상에 맞는 기법과 재료를 치료에 도입함으로 내담자 개인의 변화를 집중하여 다루게 된다. 반면 집단치료는 개개인에 집중하기보다는 집단활동을 통한 피드백과 상호작용으로 대인관계에 대한 폭을 넓히고 더 나아가 집단 안에서 개개인의 문제점을 인지하고 수정해 나가도록 한다.

　개인치료와 집단치료는 각각 장단점을 가지고 있다. 개인치료의 경우 좀 더 개인에게 집중할 수 있어서 인지기능이 낮은 내담자들의 기능을 상승시키는 데 효과적이며, 집단치료는 대인관계 및 사회성에 어려움을 보이는 내담자들에게 효과적이라 할 수 있다. 그러나 두 치료방법의 장점은 상대 치료에 대해선 불가능한 한계점으로도 지적된다.

　임상에서 보면 개인치료보다는 집단치료에서의 효과가 두드러지게 나타나는데 그것은 집단이 내담자 개개인에게 주는 격려와 지지, 피드백, 집단 안에서의 경쟁 등이 내담자에게 긍정적인 변화요인으로 작용하기 때문이라 생각된다.

　그러나 이런 집단치료의 효과에도 불구하고 내담자의 환경적 요인이 집단치료의 참여를 어렵게 만드는 경우가 있다. 시간적인 이유로 집단치료에 참여하지 못하는 경우, 개인의 증상적인 면에서 집단에 참여하기를 회피하는 경우, 개인적인 문제를 타인에게 알리기를 거부하는 경우 등이 그것인데, 필자는 다음과 같은 프로그램으로 이러한 문제점을 보완하고 있다.

(1) 목적

타인과의 대화능력 및 상호관계 향상, 하나가 모여 전체를 이루는 과정을 인식한다. 집단치료 참여에 대한 자극제 역할, 타인에 대한 관심 증가, 타인에 대한 수용

(2) 재료

전지 켄트지(벽면을 활용할 수도 있다.), 물감, 매직, 붓, 팔레트 등 여러 가지 드로잉재료

(3) 미술치료의 진행

벽면이나 큰 종이(전지 사이즈 종이를 4~8장 이어 붙여 사용)를 벽면에 부착하고 치료사가 제시한 하나의 주제에 맞춰, 개인치료에 참여하는 대상자들이 주제에 맞는 그림을 하나씩 그려 나가 완성하는 기법이다. 모든 대상자가 한날한시에 모여 집단치료를 받는 것은 아니지만 한 장의 그림에 타인과 어울려 활동하는 것이므로 개인치료이기는 하지만 집단미술치료의 과정을 체험할 수 있다.

이 기법의 장점은 집단치료에서처럼 집단이 함께 작업하는 상황이 아니기 때문에 타인(감상적인 측면)과 자신의 작업에 대해 좀 더 집중하고 객관화할 수 있다는 것이다. 또한 시간적으로도 여유가 있어서 작업을 맘껏 즐길 수 있다.

개개의 내담자는 얼굴도 모르는 타인의 그림에 대해 관심이 생기기 시작하고, 다음 작업에 대한 기대감이 생기게 되어 치료에 집중할 수 있다. 이 기법은 다음과 같은 몇 가지 주제에 의해 진행될 수 있으며, 그리기 외에 점토 등을 이용한 만들기 작업으로도 가능하다.

① 마을 꾸미기

② 바닷속 꾸미기

③ 숲 속 꾸미기

④ 동물원 꾸미기

⑤ 꿈

(4) 작업 후 질문

• 어떤 부분이 가장 좋았나? 힘들었나? 각각의 이유는 무엇인가?

• 특별히 맘에 드는 그림이 있는가? 그 이유는 무엇인가?

• 그림을 보면서 그린 사람을 생각할 수 있는가? 어떤 느낌이 드는가?

• 작업결과가 맘에 드는가?

• 혼자 하는 작업과는 어떤 점이 다른가?

• 내 그림은 전체에서 어떤 역할을 하는가? 그것이 마음에 드는가?

• 다시 작업하고 싶은 생각이 있는가? 이유는 무엇인가?

이 외에 치료 과정의 상황에 맞게 여러 가지 질문을 치료사가 추가하여 해 보도록 한다.

(5) 작품사례

그림 114) (여/11세)
각기 다른 시간에 그림을 그리는 아동들.
'꽃'이라는 공통된 주제로 활동이 진행되었다. 나
무판에 아크릴 물감이 사용되었다. 이런 작업에
서는 치료사가 공통된 주제를 어떤 재료를 사용
하여 진행할 것인가에 대해 미리 계획하여 진행
하여야 한다.

그림 115) (그림 114)의 아동들이 그린 그림이 함
께 어우러진 작품. 이 작업은 함께하지는 않지만
집단 안에서의 소속감을 느끼게 하고 타인에 대
한 관심을 증가시킴으로써 대인관계를 원활히
할 수 있도록 돕는다. 작업에 참여한 아동들 역
시 그림이 함께 어우러진 것에 대해 큰 만족감을
보였다.

11) 희망의 메시지

집단치료의 종결에 쓰이는 프로그램이다. 집단치료에 참여한 내담자들이 종결에 앞
서 그동안 치료 과정에 있었던 서로 간의 상호작용을 통해 느꼈던 감정과 소감을 정
리해 보고 개개인의 집단원들에게 격려와 지지 등을 글이나 그림을 통해 전달한다. 치
료 종결에 대한 불안과 헤어짐에 대한 아쉬움을 정리할 수 있으며, 각자에게 남겨진 메
시지는 집단원들 모두에게 희망을 불어넣어 줄 수 있다.

(1) 목적

치료 종결에 대한 정리 및 불안감 해소, 미래에 대한 긍정적 사고 기르기

(2) 재료

크레파스, 색연필, 마카, 도화지 등

(3) 미술치료의 진행

지난 치료 회기에 대해 생각하는 시간을 갖도록 한다(만약 그간의 작품을 포트폴리오로 남겼다면 자신과 타인의 작품을 감상하면서 치료 과정에 대한 소감을 이야기 나누는 것이 좋다.). 8절 혹은 4절 도화지의 상단에 자신의 이름을 쓰고 옆 사람에게(왼쪽이든 오른쪽이든 한 방향으로) 자신의 종이를 넘긴다. 옆 사람은 이름의 주인공에게 격려와 지지의 글 또는 그림을 남긴다. 같은 방법으로 종이를 한 방향으로 계속 돌려 이름의 주인공에게 보낼 메시지를 보낸다. 자신의 이름이 쓴 도화지가 자기 자신에게 올 때까지 작업을 계속 반복한다. 작업이 끝난 뒤 작업에 대한 소감을 이야기 나눠본다.

(4) 작업 후 질문

• 작업에 대한 느낌은 어떠한가?

• 작업결과가 맘에 드는가?

• 힘든 부분이 있었나? 어떤 이유에서였나?

• 작업결과는 나에게 어떤 의미를 주었나?

이 외에 치료 과정의 상황에 맞게 여러 가지 질문을 치료사가 추가하여 해 보도록 한다.

(5) 작품사례

그림 116) 치료종결의 집단원의 지지와 격려는 종결에 대한 불안을 감소시켜 주며, 집단원 개개의 미래에 대한 용기와 희망을 줄 수 있다.

5. 이완 및 발산작업, 놀이식 프로그램

미술치료는 내담자의 기능 및 증상에 따라 주제와 그에 맞는 미술매체를 사용하여 진행된다. 그러나 이러한 진행은 너무 소극적이거나, 자신감 없는 내담자들에겐 지시적일 수 있고, 치료자-내담자, 내담자-집단치료 참여자-치료사 간의 라포가 형성되기 전에는 작업에 대한 두려움이 있을 수 있으므로, 치료 초기에는 적절치 못하다. 본격적으로 치료가 진행되기에 앞서 어느 정도의 이완 작업이 필요하다. 이완작업은 작업에 대한 두려움을 없애 주고 긴장을 완화시켜 주어 정서적으로 안정감을 느낄 수 있도록 해 준다.

스트레스가 많은 내담자들 역시 지시적인 활동들은 오히려 그들의 스트레스를 가중시키므로 치료 초기에는 스트레스를 풀 수 있는 발산작업을 진행하도록 한다.

이완 및 발산작업은 각각 편안함과 자유로움을 주며, 시각적으로도 구체화되어 있는 형상을 요구하는 것이 아니므로 활동에 규제를 받지 않으며, 평가에 대한 두려움도 없어 자유롭게 진행될 수 있다. 몇 가지 프로그램을 소개하면 다음과 같다.

1) 거품그림 그리기

거품물감은 손에 닿는 감촉이 부드럽고, 시각적으로도 역시 부드러운 느낌을 주기 때문에 정서적인 안정감을 주고, 재료를 다루는 과정이 흥미로우므로 아동·청소년 및 성인 모두 좋아하는 재료이다. 시중에 판매되고 있는 거품물감도 있지만 수채물감과 주방용 세제를 혼합하여 직접 만들면 작업에 대한 재미를 한층 더 느낄 수 있다.

작업결과를 보관할 수 없고 과정을 즐기는 데 집중하는 한계가 있지만, 대부분의 내담자들은 이 작업에 큰 만족감과 즐거움을 표한다.

(1) 목적

미술치료 초기 이완작업으로서의 역할, 정서적 안정 및 순화, 스트레스 해소, 작업에 대한 흥미와 집중 유발

(2) 재료

도화지, 스티로폼 박스, 수채물감, 주방용 세제, 스펀지, 일회용 숟가락, 큰 그릇들, 물

(3) 미술치료의 진행

수채물감에 주방용 세제, 물을 섞어 스펀지로 거품을 낸 다음 스티로폼 박스나 도화지 위에 손이나 일회용 숟가락으로 거품을 떠서 원하는 모양을 만든다. 작업의 주제 과정 등을 치료사 혹은 집단원들과 이야기 나눈다.

거품물감을 만들 때는 각각의 그릇 하나마다 한 색상의 물감을 사용하여 혼색이 되는 것을 피하도록 한다.

(4) 작업 후 질문

• 재료에 대한 느낌은 어떠한가?

• 작업에 대해 제목을 붙인다면?

• 작업하는 과정 중 어떤 느낌이 들었나?

• 표현하고 싶은 대로 되었나? 어떤 부분이 가장 어려웠나?

• 작업결과가 맘에 드는가? 어떤 부분이 가장 맘에 드는가? 혹은 마음에 들지 않는가?

– 집단에서 실시될 때 추가사항

• 어떤 작품이 가장 맘에 드는가?(지목된 집단원에게 그 느낌을 묻도록 한다.)

• 작품 감상 후 느낌은 어떠한가?

• 다시 작업하고 싶은 생각이 있는가? 있다면 그 이유는 무엇인가?

이 외에 치료 과정의 상황에 맞게 여러 가지 질문을 치료사가 추가하여 해 보도록 한다. 집단에서는 집단원 간에 원활한 피드백을 이룰 수 있도록 치료사가 유도한다.

(5) 작품사례

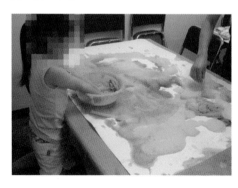

그림 117) 거품그림 그리기(여/4세)
스펀지로 거품을 만드는 과정은 활동에 대한 흥미와 함께 스트레스를 해소하는 데도 도움을 준다.

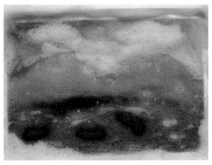

그림 118) 산과 바다(여/40세)
거품물감으로 표현한 산, 바다, 구름, 물고기들.
그림은 일회용 숟가락을 사용하였다. 붓이나 크
레파스 등 일반적인 그림도구를 사용하지 않고
색다른 도구로 그림을 그리는 것은 발상의 전환
이라는 측면에서도 활용도가 높다.

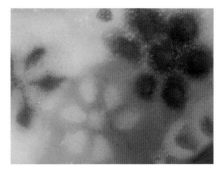

그림 119) 꽃(여/40세)
거품 그림은 시각적으로 부드러움을 주어 정서
적으로도 안정감을 줄 수 있다. 거품이 빨리 사
라지는 단점이 있어서 작업결과를 보관하지 못
하는 단점이 있지만, 도화지를 사용할 경우 거품
이 종이에 스미는 효과도 역시 시각적으로 부드
러운 느낌을 줄 수 있다.

2) 분무기로 뿌리기

분무기에 물과 물감을 혼합하여 넣은 다음 뿌리는 작업이다. 어린 시절의 물총놀이
를 체험할 수 있으면서, 시각적으로도 자극이 되어 발산 작업으로 활용된다. 주로 어
린 유·아동들을 대상으로 고안했지만 임상에서는 성인들의 스트레스 해소작업으로도
효과가 좋았던 프로그램이다. 벽면에 종이를 붙이고 뿌리거나 바닥에 종이를 깔고 뿌
릴 수 있다. 벽면에 사용할 경우 물감이 흐르는 효과가 있고, 바닥을 사용할 경우 분
무기의 부드러운 느낌을 살릴 수 있다. 주제에 얽매이지 않고 원하는 색상으로 원하는
만큼 뿌리는 방법도 있지만, 학습적인 방법이 첨가되어 두 가지 효과를 얻을 수 있는
응용 기법도 있다(작품사례 참조).

(1) 목적

감정의 발산 및 스트레스 해소, 소근육 강화

(2) 재료

수채물감, 물, 분무기통 여러 개, 2절 켄트지

(3) 미술치료의 진행

벽면 혹은 바닥에 2절 켄트지를 두고 원하는 색상을 담은 분무기로 재미있게 뿌려본다. 색을 바꾸어 가며 뿌리기도 한다. 작업결과에 대한 느낌과 감정에 대해 치료사 혹은 집단원들과 이야기 나눈다.

(4) 작업 후 질문

• 작업하는 과정 중 어떤 느낌이 들었나?

• 표현하고 싶은 대로 되었나? 어떤 부분이 가장 어려웠나?

• 작업결과가 맘에 드는가? 어떤 부분이 가장 맘에 드는가? 혹은 마음에 들지 않는가?

– 집단에서 실시될 때 추가사항

• 다른 집단원과 비슷한 경험이 있는가?

• 어떤 작품이 가장 맘에 드는가?(지목된 집단원에게 그 느낌을 묻도록 한다.)

• 작품 감상 후 느낌은 어떠한가?

• 다시 작업하고 싶은 생각이 있는가? 있다면 그 이유는 무엇인가?

이 외에 치료 과정의 상황에 맞게 여러 가지 질문을 치료사가 추가하여 해 보도록 한다. 집단에서는 집단원 간에 원활한 피드백을 이룰 수 있도록 치료사가 유도한다.

(5) 작품사례

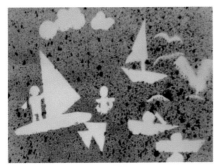

그림 120) 여름 바닷가(남/8세)
4절 도화지 위에 원하는 모양을 올려놓고 분무기로 뿌린 작품. 사고력과 발산이 함께 작용한 작품이다. 여름에 하고 싶은 활동 등을 그림으로 나타내었다.

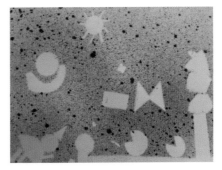

그림 121) 넘어진 아이(여/9세)
9세의 여아는 그림 좌측의 여자아이가 돌에 걸려 넘어져 있다고 이야기한다. 이 작품은 아동이 작품을 만들어 가는 과정의 흥미와 더불어 아동이 가지는 심리적인 부분도 알 수 있게 한다. 그림에서는 실패와 좌절에 대한 아동의 경험을 엿볼 수 있다.

3) 신문지 찢기 놀이

소근육 운동 및 스트레스를 해소하기 위한 놀이식 프로그램이다.

작업방법이나 결과에 구애받지 않고 과정을 즐기는 데 목적을 두기 때문에 내담자들은 편안하게 치료에 참여할 수 있다.

종이 결을 따라 길게 찢는 과정은 손과 눈의 협응에도 많은 도움을 준다.

신문지를 찢는 것으로 작업을 마무리할 수도 있지만, 찢어진 신문지들을 활용하여 다양한 활동을 할 수도 있다(작품사례 참조).

(1) 목적

욕구 발산 및 스트레스 해소, 소근육 강화, 놀이 체험

(2) 재료

신문지, 기타 여러 가지 재료(응용할 경우)

(3) 미술치료의 진행

신문지를 맘껏 구기거나 찢도록 한다. 율동을 곁들이거나 음악을 들으면서 진행하여도 좋다. 신문지를 눈처럼 던지거나 뭉칠 수도 있다. 활동 과정에 집중하여 즐길 수 있도록 한다.

(4) 작업 후 질문

• 작업하는 과정 중 어떤 느낌이 들었나?

• 나는 마음껏 즐길 수 있었나? 그렇지 않았나? 각각의 이유는 무엇이라 생각하는가?

– 집단에서 실시될 때 추가사항

• 가장 재미있게 활동한 사람은 누구인가? 어떤 느낌이 들었나?

• 놀이를 할 때 서로 상호작용을 하였나? 그렇지 않았나? 각각의 이유는 무엇이라 생각하는가?

이 외에 치료 과정의 상황에 맞게 여러 가지 질문을 치료사가 추가하여 해 보도록 한다. 집단에서는 집단원 간에 원활한 피드백을 이룰 수 있도록 치료사가 유도한다.

(5) 작품사례

그림 122) 신문지 찢기
신문지 작업은 흔히 볼 수 있는 재료를 사용하기 때문에 재료를 다루는 데 대한 부담이 없다. 어떤 형식에 얽매이지 않고 자유롭게 활동하는 데 의미를 둔다.

그림 123) 신문지 놀이
찢은 신문지를 가지고 뿌리거나 던지는 등의 놀이를 할 수 있다. 가벼워서 위험하지는 않지만, 공격적 행동에 대해서는 주의하도록 한다.

그림 124) 찢은 신문지를 뭉쳐서 가지고 놀기

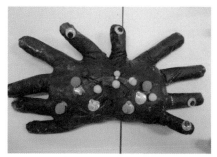

그림 125) 꽃게(남/7세)
잘게 찢은 신문지를 일회용 장갑에 넣어 완성된
작품(2장의 장갑이 사용되었다.). 손 모양을 이용
해 여러 가지 형상을 재구성할 수 있다. 이 활동
역시 인지발달에 많은 도움을 준다.

4) 음악 듣고 그림 그리기

　음악을 듣고 그에 맞는 그림을 그리는 것은 음악치료와 미술치료와의 통합치료에
서 많이 사용되는 프로그램이다. 음악의 종류에 따라 그 효과도 다르게 나타난다. 주
로 빠른 템포의 음악은 내담자의 신체적 감각을 활성화시키고, 스트레스를 해소하게
하며, 놀이적 요소(리듬에 맞는 율동 등)가 가미되어 즐거움을 주며, 템포가 느리고 조
용한 음악의 경우는 긴장을 풀어 주고 감정을 이완할 수 있도록 도와준다. 스트레스
가 많은 내담자나 장애아동의 감각을 활성화시키기 위해서는 전자의 음악을, 긴장을
풀어 주고 정서적 안정감을 주기 위해선 후자의 음악을 택하도록 한다.

　미술치료의 진행에 앞서 내담자의 음악 선호도를 파악하여 알맞은 음악을 준비하
도록 한다.

(1) 목적

감각의 활성화, 긴장 완화, 감정의 이완, 스트레스 해소

(2) 재료

도화지, 크레파스, 매직, 사인펜, 물감, 붓, 팔레트 등 여러 가지 재료

(3) 미술치료의 진행

내담자의 증상에 알맞은 음악을 준비한 뒤 음악에 맞춰 그림을 그리도록 한다(눈을 감고 그려도 좋다.). 구체적인 형상보다는 음악의 느낌을 그릴 수 있도록 한다. 몇 장을 그릴 수도 있다. 작업이 끝나면 음악과 그림에 대한 여러 가지 이야기를 나눠 보도록 한다.

때로는 음악을 들으면서 이야기가 있는 그림을 그려도 좋다. 어떤 내용인지? 결말은 어떤지? 그림에 제목을 붙여 보는 과정은 내담자와 관련된 경험들을 통해 스스로를 알아 가는 과정이 될 수 있다.

(4) 작업 후 질문

• 음악을 들으며 그림을 그리는 것이 편안했나? 그렇지 않았나? 각각의 이유는 무엇인가?
• 작업하는 과정 중 어떤 느낌이 들었나?
• 표현하고 싶은 대로 되었나? 어떤 부분이 가장 어려웠나?

• 작업결과가 맘에 드는가? 어떤 부분이 가장 맘에 드는가? 혹은 마음에 들지 않는가?

– 집단에서 실시될 때 추가사항

• 다른 집단원과 비슷한 경험이 있는가?

• 어떤 작품이 가장 맘에 드는가?(지목된 집단원에게 그 느낌을 묻도록 한다.)

• 작품이 제각기 다른 느낌이 드는 이유는 무엇이라고 생각하는가?(같은 음악의 작업에 대해서)

• 작품 감상 후 느낌은 어떠한가?

• 다시 작업하고 싶은 생각이 있는가? 있다면 그 이유는 무엇인가?

이 외에 치료 과정의 상황에 맞게 여러 가지 질문을 치료사가 추가하여 해 보도록 한다. 집단에서는 집단원 간에 원활한 피드백을 이룰 수 있도록 치료사가 유도한다.

(5) 작품사례

그림 126) 즐거움(남 /10세)
음악을 들으면 기분이 좋아진다며 아동은 '춤추는 미꾸라지'라는 제목을 그림에 붙였다. 즐거웠던 기억을 표현하지는 않았지만, 아동은 그림을 그리면서 즐거움을 느끼고 있는 듯했다. 그림은 마치 음악을 듣는 듯한 빠른 템포를 느끼게 한다.

그림 127) 꿈(여 /15세)
조용한 음악에 맞춰 천천히 음악을 느끼며 그린 난화 그림. 이런 작업은 작업 결과에 대한 시각적 효과와는 별도로 행위 자체로서, 긴장을 완화시켜 주어 정서적으로 안정감을 준다.

5) 낙서 그리기

어린 시절 누구나 한 번쯤은 낙서를 해 본 경험이 있을 것이다. 낙서는 부담이 없다. 잘 그려야 할 필요도, 누군가의 평가를 받을 필요도 없다. 대부분 사람의 눈을 피해서 그리므로 의식적이든 무의식적이든 내가 표현하고 싶은 것을 무엇이든 자유롭게 표현할 수 있다.

이러한 낙서 형태의 그림은 우리나라뿐만 아니라 세계의 곳곳을 여행하는 동안에도 흔히 볼 수 있다. 왜 이런 모습들이 공통적으로 나타나는 것일까? 그들은 무엇을 표현하고 있는 것일까?

얼핏 보면 그 흔적들은 그린 사람 혹은 작품의 다양성만큼이나 많은 주제를 담고 있을 듯하지만, 눈여겨보면 그 주제는 몇 가지에 한정되어 있음을 우리는 쉽게 알 수 있다. 대부분의 그 흔적들은 자신의 소망이나 기쁨, 슬픔 혹은 분노와 같은 감정과 정서를 상징적으로 반영하고 있다.

낙서를 하는 것은 놀이로서의 흥미와 재미를 불러일으키기도 하지만, 자신의 감정을 표현하는 매개체가 되어 가슴속에 묻혀 있던 스트레스나 갈등 등이 발산되어 나오도록 한다. 이런 관점에서 본다면 낙서를 하는 것은 분명 치유적인 힘을 가지고 있다. 따라서 미술치료에서는 이를 응용한 몇 가지 프로그램들이 시행되고 있다.

이 프로그램은 미술치료 초기 그림에 대한 거부감을 없애기 위해 놀이적 접근으로도 이용되지만, 회기가 진행되면서, 혹은 대상자의 증상에 따라 발산 작업 및 집단 공동 작업으로 사용되기도 한다.

(1) 목적

욕구의 분출(발산), 놀이적 체험

(2) 재료

도화지, 크레파스, 매직, 사인펜, 물감, 스프레이, 칠판, 분필, 보드 판, 보드마카 등 여러 가지 재료

(3) 미술치료의 진행

준비된 재료들을 보여 주고 자신이 그리고 싶은 그림을 맘껏 그리도록 한다. 어린 시절 낙서에 대한 경험들을 이야기하여도 좋다. 주어진 재료를 맘껏 즐길 수 있도록 한다. 작업이 끝난 뒤 치료사 혹은 집단원들과 이야기를 나눈다.

(4) 작업 후 질문

• 작업하는 과정 중 어떤 느낌이 들었나?

• 표현하고 싶은 대로 되었나? 어떤 부분이 가장 어려웠나?

• 작업결과가 맘에 드는가? 어떤 부분이 가장 맘에 드는가? 혹은 마음에 들지 않는가?

• 떠오르는 기억(경험)이 있는가?

— 집단에서 실시될 때 추가사항

• 다른 집단원과 비슷한 경험이 있는가?

• 어떤 작품이 가장 맘에 드는가?(지목된 집단원에게 그 느낌을 묻도록 한다.)

• 작품 감상 후 느낌은 어떠한가?

• 다시 작업하고 싶은 생각이 있는가? 있다면 그 이유는 무엇인가?

이 외에 치료 과정의 상황에 맞게 여러 가지 질문을 치료사가 추가하여 해 보도록 한다. 집단에서는 집단원 간에 원활한 피드백을 이룰 수 있도록 치료사가 유도한다.

(5) 작품사례

그림 128) 흰색 크레파스로 낙서하기(여/14세)
이 기법은 작업에 더욱 흥미를 주기 위해 혹은 집단 작업 시 자신의 그림이 노출되는 것을 꺼리는 내담자에게 사용한다. 물과 기름의 반발 원리를 이용한 기법으로 흰색 크레파스로 흰색 켄트지에 그림을 그린 뒤 원하는 색의 물감으로 칠하여 그림이 보이도록 한다.

그림 129) 집단 낙서 그림
그리기
친구들과 함께하는 낙서는
놀이적 체험으로 인한 즐거
움을 주며, 학령기 아동·
청소년의 스트레스 해소 및
친구들과의 교류(상호작용)
에도 많은 도움을 준다.

그림 130) 보드 판을 이용한 낙서하기－1
(남/12세)
보드 판을 이용한 낙서는 지울 수 있다는 장점과
그릴 때 주는 느낌이 부드러워 소심하거나 자신
감 없는 아동에게 도움을 준다.

그림 131) 보드 판을 이용한 낙서하기－2
그림이 완성된 후에는 그림에 대한 이야기를 들
어 보고 이야기 뒤의 결말을 이어서 그려 보도록
할 수 있다. 그림의 과정을 보관하기 어려우므로
디지털 카메라를 미리 준비하여 과정을 담도록
한다.

6) 신체를 이용한 물감 놀이

주로 유·아동 및 장애아동의 발산 작업 및 신체 감각을 활성화하기 위해 실시되는
프로그램이다.

시각, 촉각, 청각을 이용하게 되고, 놀이적 요소가 첨가되므로 작업 과정이 활기 있
고 집중되어 진행되는 장점이 있다. 음악을 사용하면 더욱 효과적이다.

(1) 목적

신체 감각 활성화, 발산을 통한 스트레스 해소, 놀이적 체험

(2) 재료

켄트지 전지, 물감, 일회용 접시

(3) 미술치료의 진행

손이나 발에 물감을 묻히고 찍거나, 손에 물감을 바른 뒤 켄트지에 직접 그림을 그리도록 한다. 물감을 손에 묻히는 것에 거부감이 있는 내담자에게는 일회용 비닐장갑을 쓰도록 한다. 손이나 발모양을 다른 형태로 재구성하도록 유도할 수도 있다. 작업과정을 최대한 즐길 수 있도록 하며, 작업 후에 서로의 느낌에 대해 이야기 나눠 본다.

(4) 작업 후 질문

• 작업하는 과정 중 어떤 느낌이 들었나?

• 표현하고 싶은 대로 되었나? 어떤 부분이 가장 어려웠나?

• 작업결과가 맘에 드는가? 어떤 부분이 가장 맘에 드는가? 혹은 마음에 들지 않는가?

− 집단에서 실시될 때 추가사항

• 어떤 작품이 가장 맘에 드는가?(지목된 집단원에게 그 느낌을 묻도록 한다.)

• 작품이 제각기 다른 느낌이 드는 이유는 무엇이라고 생각하는가?

• 작품 감상 후 느낌은 어떠한가?

• 다시 작업하고 싶은 생각이 있는가? 있다면 그 이유는 무엇인가?

이 외에 치료 과정의 상황에 맞게 여러 가지 질문을 치료사가 추가하여 해 보도록 한다. 집단에서는 집단원 간에 원활한 피드백을 이룰 수 있도록 치료사가 유도한다.

(5) 작품사례

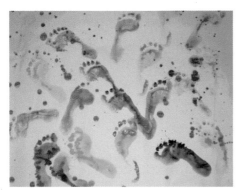

그림 132) 발도장 찍기(여/10세)
자기 신체를 이용한 작업은 신체감각을 활성화시킬 뿐 아니라 자신을 표현할 수 있는 용기를 준다. 발이 못생겼다고 양말 벗기를 싫어했던 내담자는 켄트지 위에 찍힌 알록달록한 색상의 자신의 발이 무척 예뻐 보인다고 말하며 작업에 만족감을 표했다.

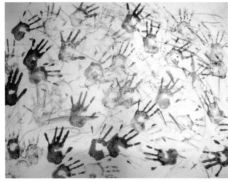

그림 133) 손도장 찍기(여/11)
그림을 그리는 데 거부감이 있는 아동들도 이러한 작업에는 흥미를 보인다. 그리지 않고 찍는 것만으로 간단하게 형태가 드러나기 때문이다. 이런 작업들은 그리는 데 저항을 없애고 그림을 그리도록 유도하는 자극제가 되어 주기도 한다.

그림 134) 바다(남/10세)

손에 물감 묻히기를 거부했던 아동의 작품. 비닐장갑을 사용하여 그림을 그리다가 장갑을 켄트지에 거꾸로 붙여 문어를 만들었다 (이 작업은 물감과 밀가루 풀을 혼합하여 진행하였다.). 미술활동 과정은 간혹 이처럼 의도하지 않은 창의적인 작업으로 이어지기도 한다. 그리기에 자극을 받은 아동은 중도에는 장갑을 벗고 손가락으로 그림을 그리기 시작했다. 이 작업은 이처럼 미술표현에 대한 욕구를 증가시키기도 한다.

그림 135) 신체를 이용한 물감 작업

신체를 이용한 물감작업 과정은 미술표현에 대한 욕구를 증가시키도록 만든다.

그림 136) 엄마 사랑해(여/9세)

물감을 묻힌 자신의 손에 엄마에 대한 사랑을 표현한 손. 이런 작업은 의도하지 않은 무의식적인 욕구에 의해 이루어진다는 데 의미가 있다. 미술은 이처럼 자기만의 독창적인 표현력과 창의력을 계발하도록 하는 의미 있는 활동이다.

7) 점토판 놀이

점토는 주로 입체적인 형상을 만드는 작업에 쓰이는 재료이지만, 평면 작업으로의 활용도도 높다. 늘 한 가지 용도로만 쓰이던 재료를 다른 용도에 응용하여 사용하는 것은 내담자를 좀 더 융통성 있고 자유로이 사고할 수 있도록 만든다. 이처럼 미술치료에서는 사고의 전환(발상의 전환)을 유도하기 위한 작업들이 행해지기도 하는데, 바로 점토를 평면작업으로 활용하는 것은 그 예라 할 수 있다.

점토를 이용한 그림 그리기, 판화 찍기 등은 기존의 점토활동과는 다른 평면을 이용한 활동이며, 놀이적 요소가 가미되어 재미와 흥미를 더할 수 있는 기법들이다.

(1) 목적
사고의 전환, 놀이적 체험, 발산을 통한 스트레스 해소

(2) 재료
우드락 판, 점토, 물

(3) 미술치료의 진행
우드락 판 위에 점토를 두들겨 납작하게 편 다음 손가락을 이용해 낙서하듯 그림을 그린다. 점토를 우드락 판에 펴고 그림을 그리는 동작을 반복하여 시행할 수 있다. 작업이 끝나면 작업결과에 대한 느낌을 이야기 나누는 시간을 갖는다.

한 가지 응용법은 그림을 그린 뒤, 완성된 작품 위에 물을 바르고 종이로 찍어 내는

판화기법인데, 질감의 표현이나 활동과정에서 기존의 판화와는 다른 독특한 느낌을 얻을 수 있다.

(4) 작업 후 질문

• 재료에 대한 느낌은 어떠한가?
• 나는 마음껏 즐길 수 있었나? 그렇지 않은가? 각각의 이유는 무엇이라 생각하는가?
• 작업하는 과정 중 어떤 느낌이 들었나?
• 표현하고 싶은 대로 되었나? 어떤 부분이 가장 어려웠나?
• 작업결과가 맘에 드는가? 어떤 부분이 가장 맘에 드는가? 혹은 마음에 들지 않는가?

– 집단에서 실시될 때 추가사항

• 어떤 작품이 가장 맘에 드는가?(지목된 집단원에게 그 느낌을 묻도록 한다.)
• 작품 감상 후 느낌은 어떠한가?
• 다시 작업하고 싶은 생각이 있는가? 있다면 그 이유는 무엇인가?
• (과정에 대한 집단원과의 이야기가 끝나고) 내 이름에 대한 생각이 변화하였나?

이 외에 치료 과정의 상황에 맞게 여러 가지 질문을 치료사가 추가하여 해 보도록 한다. 집단에서는 집단원 간에 원활한 피드백을 이룰 수 있도록 치료사가 유도한다.

(5) 작품사례

그림 137) 점토를 마치 칠판처럼 이용하여 그림을 그리는 기법.
작업에 대한 부담이 없고, 계속 수정하여 그릴 수 있는 장점으로 위축아동이나 실패에 대한 두려움이 있는 아동 등을 대상으로 유용하게 쓰인다.

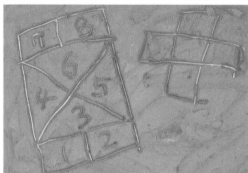

그림 138) 점토는 내담자를 퇴행하도록 하는 특징을 지니고 있는데, 이는 병적인 퇴행의 의미가 아닌 과거 경험을 재생시키는 재료적 특질을 지님을 의미한다. 좌측의 작업은 점토작업이 과거 어린 시절의 놀이를 연상하게 함으로써 나타난 작업결과로 보인다.

그림 139) 점토에 그린 그림

그림 140) (그림 139)를 종이에 찍은 판화기법

8) 신문지 죽을 이용한 만들기

신문지 죽은 학창시절 '탈 만들기'에 자주 쓰였던 재료로서, 신문지 죽을 다루는 과정은 우리에게는 아주 친숙한 작업이다. 물과 신문지, 밀가루 풀만 있으면 누구든 손쉽게 만들 수 있을 뿐 아니라 적은 비용으로 많은 양의 재료를 만들 수 있기 때문에 미술치료에서도 그 활용도가 높다.

신문지 죽을 만드는 과정은 비교적 간단하다. 먼저 신문지를 맘껏 찢은 뒤, 물에 불려 물기를 제거하고 밀가루 풀과 섞어 반죽을 하면 신문지 죽이 완성된다. 완성된 재료는 뭉쳐서 눈처럼 가지고 놀 수도 있고 크고 작은 여러 가지의 형상들을 만들 수도 있다.

신문지를 찢거나, 물에 불려 주무르는 과정은 스트레스를 해소하거나 욕구를 분출시키는 등의 발산작업으로서 효과가 있을 뿐 아니라 소근육을 강화시키는 역할을 한다.

(1) 목적
발산을 통한 스트레스 해소, 소근육 강화, 놀이적 체험

(2) 재료
신문지, 밀가루 풀, 물, 기타 만들기에 필요한 여러 가지 재료들

(3) 미술치료의 진행
신문지를 자유롭게 찢은 뒤 물에 담가 물기가 잘 배도록 한다(몇 시간 담가 놓는

것이 좋다.). 혹은 물에 젖은 신문지를 잘게 찢도록 하여도 좋다. 신문지에 물기가 배면 손으로 짜서 물기를 제거한 다음 밀가루 풀을 골고루 섞어 주무른다. 활동하는 과정에 음악을 틀거나 활동 중의 느낌들을 이야기하면서 작업 과정을 즐긴다. 완성된 신문지 죽을 주무르며 만들고 싶은 형상을 만들도록 한다. 작품에 대해 제목을 붙여 본 뒤, 치료사 혹은 집단원과 이야기 나눈다(완성된 작품을 잘 말린 다음 채색을 해도 좋다.).

(4) 작업 후 질문

• 작업하는 과정 중 어떤 느낌이 들었나?

• 생각나는 기억이 있는가?

• 나는 작업을 즐길 수 있었나? 그렇지 않았나? 각각의 이유는 무엇이라 생각하는가?

• 표현하고 싶은 대로 되었나? 어떤 부분이 가장 어려웠나?

• 작업결과가 맘에 드는가? 어떤 부분이 가장 맘에 드는가? 혹은 마음에 들지 않는가?

– 집단에서 실시될 때 추가사항

• 다른 집단원과 비슷한 경험이 있는가?

• 어떤 작품이 가장 맘에 드는가?(지목된 집단원에게 그 느낌을 묻도록 한다.)

• 작품이 제각기 다른 느낌이 드는 이유는 무엇이라고 생각하는가?

• 작품 감상 후 느낌은 어떠한가?

• 다시 작업하고 싶은 생각이 있는가? 있다면 그 이유는 무엇인가?

이 외에 치료 과정의 상황에 맞게 여러 가지 질문을 치료사가 추가하여 해 보도록
한다. 집단에서는 집단원 간에 원활한 피드백을 이룰 수 있도록 치료사가 유도한다.

(5) 작품사례

그림 141) 신문지 찢기
신문지를 찢는 것은 잘해야 한다는 부담감이 없
어, 위축되고 자신감 없는 내담자에게 도움이 된
다. 또한 찢는 과정은 소근육을 강화시키고, 손
과 눈의 협응력을 키울 수 있다.

그림 142) 신문지 죽 만들기
대부분의 아동들은 수분이 많은 재료를 좋아한
다. 재료를 다루는 소리나 감촉 등이 놀이를 자
극시키기 때문이다. 함께 어울리는 동안 친숙해
질 수 있어서 집단치료 활동으로도 활용도가 높
다. 이 활동은 소근육을 강화시키고 작업에 대한
의지를 고취시키기도 한다.

그림 143) 눈사람 가족(여/10세)
신문지 죽 작업 후 만든 눈사람 가족. 가족의 역
동성이 드러나 있다. 좌측 하단 모서리에 위치한
눈사람이 내담자의 작품. 가족 안에서 소외감을
느끼고 화합하지 못하는 자신의 모습을 표현하
였다.

그림 144) 신문지 죽 인형(집단 작품)
신문지 죽으로 인형을 만든 뒤 나뭇잎, 나뭇가
지, 펠트지 등을 이용하여 작품을 완성하였다.
작업 과정이 흥미롭고, 완성 후 만족도가 높아서
치료로서의 가치도 높게 평가된다.

9) 먹물 뿌리기

흑백의 조화는 시각적으로 명확하기 때문에 그림의 표현에 있어서도 그 결과가 시각적으로 또렷하게 각인된다. 따라서 자신감이 없거나 소극적인 내담자들 혹은 자기의사 표현이 어려운 내담자들에게 먹물, 검정 매직 등의 재료는 시각적 명확성과 그림을 그릴 때 수정할 수 없는 데 대한 불안 혹은 실패에 대한 두려움으로 적용하기 어려운 점이 많다. 그러나 이러한 작업은 대부분 사물에 대한 사실적인 표현이나 평가가 기대되는 작업에 대한 불안감일 뿐, 그와는 별도로 진행되는 프로그램에서는 오히려 그림 그리기(표현)에 대한 자극이 되는 경우가 많다.

먹물을 뿌리는 것은 기법이 없고, 구체적인 형상을 그려내는 작업이 아니므로 작업에 대한 부담이 적고, 뿌려 내는 과정이 자신의 행동에 대한 결과가 그대로 드러나는 작업이므로 자기표현력과 자신감을 증대시킬 수 있다. 또한 작업 후 결과물을 이용하여 다양한 활동을 진행할 수 있다.

(1) 목적

치료 초기의 낯섦, 어색함 감소, 자기표현력 증가, 발산을 통한 스트레스 해소, 놀이적 체험

(2) 재료

켄트지 전지, 먹물, 붓(여러 가지 호수의)

(3) 미술치료의 진행

붓에 먹물을 묻히고 켄트지 위에 힘껏 뿌리도록 한다. 활동에 대한 느낌이 어떤지 잠시 생각해 본 뒤 같은 동작을 여러 번 반복한다. 작업 후 결과물 및 과정에 대한 느낌을 치료사 혹은 집단원들과 이야기 나눈다.

작업 결과물을 이용하여 다양한 활동을 할 수 있다. 먹물 형상에서 연상되는 그림 찾기는 집단에서 놀이식 게임으로 진행할 수 있는 작업이다. 또한 먹물이 아닌 그 외의 바탕에서 다른 형상들을 찾는 작업은 사고의 전환을 꾀할 수 있는 작업이라 할 수 있다(대부분 자신이 그려낸–여기서는 뿌려 낸 형상에서 무엇인가 찾으려는 사고를 갖고 있으므로).

(4) 작업 후 질문
• 나는 작업을 충분히 즐길 수 있었나? 그렇지 않았나? 각각의 이유는 무엇이라 생각하는가?
• 작업하는 과정 중 나는 어떤 느낌이 들었나?
• 작업결과가 맘에 드는가? 어떤 부분이 가장 맘에 드는가? 혹은 마음에 들지 않는가? 각각의 이유는 무엇이라고 생각하는가?
• 작업결과에서 연상되는 것이 있었나?

– 집단에서 실시될 때 추가사항
• 다른 집단원과 비슷한 경험이 있는가?
• 작품이 제각기 다른 느낌이 드는 이유는 무엇이라고 생각하는가?

• 작품 감상 후 느낌은 어떠한가?

• 다시 작업하고 싶은 생각이 있는가? 있다면 그 이유는 무엇인가?

이 외에 치료 과정의 상황에 맞게 여러 가지 질문을 치료사가 추가하여 해 보도록 한다. 집단에서는 집단원 간에 원활한 피드백을 이룰 수 있도록 치료사가 유도한다.

(5) 작품사례

그림 145) 먹물 뿌리기(남/10세)
뚜렛장애(음성틱과 운동틱이 동시에 나타나는 장애)와 유뇨증을 진단받은 10세 남아의 먹물 뿌리기 작품. 이 작업은 자기표현력을 증대시키고, 욕구를 표현하여 스트레스를 해소할 수 있도록 도와준다.

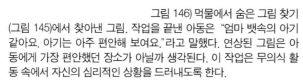

그림 146) 먹물에서 숨은 그림 찾기
(그림 145)에서 찾아낸 그림. 작업을 끝낸 아동은 "엄마 뱃속의 아기 같아요. 아기는 아주 편안해 보여요."라고 말했다. 연상된 그림은 아동에게 가장 편안했던 장소가 아닐까 생각된다. 이 작업은 무의식 활동 속에서 자신의 심리적인 상황을 드러내도록 한다.

그림 147) 바탕에서 숨은 그림 찾기
(그림 145)의 바탕에서 찾아낸 그림. 아동은 "어금니 같아 보여요. 그런데 여기저기 썩어서 아픈 이(충치) 같아요."라고 말했다. 자신이 가진 스트레스를 표현한 듯하다.

10) 젖은 종이에 그리기

젖은 종이에 그림을 그리는 것은 작업 과정과 그 결과에서 시각적으로 부드러움을 주어 정서적으로 안정감을 준다. 색상들을 서로 겹쳐서 칠하여 감정을 표현하고, 여러 가지 형상을 표현하는 기법들은 내담자로 하여금 이완과 해방감을 주고 즐거움과 생기를 줄 수 있다.

물을 조절해야 하는 부분이 있으므로, 과정의 일부는 통제적인 활동이 될 수 있음에 주의한다. 필자의 경험에 의하면 임상에서는 대부분의 내담자들이 통제 활동이라는 것에 대한 인식보다는 이완작업으로서의 효과가 컸음을 밝힌다.

(1) 목적
감정의 이완 및 정서적 안정, 자기 조절 능력 증대

(2) 재료
도화지, 화판, 스펀지, 수채물감, 붓

(3) 미술치료의 진행
충분히 물에 적신 스펀지로 도화지를 부드럽게 문질러 도화지가 수분을 흡수하도록 한다. 물기를 짜낸 스펀지로 도화지를 화판에 밀착되도록 문지른 다음 주제에 맞는 그림을 그리도록 한다. 그리는 과정에 대한 느낌 및 작업결과에 대해 치료사 혹은 집단원과 이야기 나눈다.

(4) 작업 후 질문

• 그림의 제목은?

• 생각나는 기억이 있는가? 그것은 무엇인가?

• 작업하는 과정 중 어떤 느낌이 들었나?

• 젖은 종이에 그린 그림과 일반 그림과의 차이점은 무엇인가?

• 표현하고 싶은 대로 되었나? 어떤 부분이 가장 어려웠나?

• 작업결과가 맘에 드는가? 어떤 부분이 가장 맘에 드는가? 혹은 마음에 들지 않는
  가? 각각의 이유는 무엇인가?

 ― 집단에서 실시될 때 추가사항

• 다른 집단원과 비슷한 경험이 있는가?

• 어떤 작품이 가장 맘에 드는가?(지목된 집단원에게 그 느낌을 묻도록 한다.)

• 작품이 제각기 다른 느낌이 드는 이유는 무엇이라고 생각하는가?

• 작품 감상 후 느낌은 어떠한가?

• 다시 작업하고 싶은 생각이 있는가? 있다면 그 이유는 무엇인가?

이 외에 치료 과정의 상황에 맞게 여러 가지 질문을 치료사가 추가하여 해 보도록
한다. 집단에서는 집단원 간에 원활한 피드백을 이룰 수 있도록 치료사가 유도한다.

(5) 작품사례

그림 148) 바다
물을 표현한 작품. 습식화는 그릴 때 서두르지 않
고 차분하게 그릴 수 있도록 하는 효과가 있다.
호흡을 차분하게 해 주고, 감정을 이완시킴으로
써 정서를 안정시켜 주는 작업이라 할 수 있다.

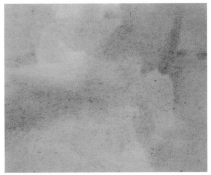

그림 149) 차가움과 따뜻함
습식화는 여러 색이 섞여도 서로 강하게 튀지 않
고, 부드럽고 조화롭게 작용한다. 이완작업에 효
과적이며 타인과 융화되기 어려운 내담자나 융통
성이 없는 내담자들에게 도움이 되는 작업이다.

11) 기타 여러 가지 표현기법들

미술치료에서 다루는 여러 가지 기법들은 미술교육에서의 프로그램들과 큰 차이가
없다. 단지 미술치료는 과정에 의미를 둠으로써 미술교육과는 진행에 있어 몇 가지 차
이점을 지니는데 그 차이점은 다음과 같다.

- 미술치료는 결과에 대한 평가가 없다(일괄적이고 체계적인 채점 기준에 의한 평가
  를 의미한다.).
- 미술치료에서는 작업결과에 대해 '치료사—내담자', '치료사—내담자—집단원'의 원

활한 피드백이 유도된다.

- 동일한 학년에 맞춰 일괄적 프로그램으로 진행되는 미술교육에 반해, 미술치료는 내담자의 상황에 맞는 개별적 프로그램으로 진행된다.

이 사항들은 미술치료의 진행에 매우 중요한 부분이라 할 수 있다. 대부분의 미술치료기법들은 미술교육에서 응용되어 나온 프로그램들이어서 미술치료사가 되기 위하여 미술치료교육과정에 처음 입문하는 학생들에게는 혼동이 되기도 한다.

"미술치료와 미술교육의 기법의 차이는 무엇인가요?"

미술치료든 미술교육이든 주된 활동은 '미술작업'에 있다. 큰 차이점은 미술교육자가 대상자 전체에 계획을 맞추어 교과과정이 목표하는 결과를 이끌어 나가는 반면, 미술치료사는 내담자 개개인에게 초점을 맞춰 내담자의 증상을 완화시켜 주기 위한 기법과 매체를 선정하여 프로그램을 진행하며, 그 과정과 결과물 안에서 내담자의 심리적 문제점을 발견하고, 내담자로 하여금 그 문제점을 스스로 인지하여 긍정적으로 변화할 수 있도록 조력자 역할을 한다는 것이다. 이를 위해서 미술치료사는 회기 진행의 주제 선정과 함께 여러 가지 미술매체를 잘 다룰 수 있어야 한다. 또한 이와 함께 미술활동에서 자주 사용되는 표현기법을 익히는 것도 중요하다. 대부분의 표현기법들은 미술매체의 특성에 맞게 만들어져 있기 때문이다. 대부분의 표현기법들은 작업결과가 구조화되어 있지 않고 자유롭게 진행되기 때문에 놀이식 프로그램 혹은 발산 프로그램으로 분류될 수 있다. 그 기법들을 소개하면 다음과 같다.

(1) 목적

치료 초기의 낯섦, 어색함 감소, 표현기법 습득을 통한 미술표현력 증대, 놀이적 체험 및 발산작업(기법에 따라)

(2) 재료

도화지, 크레파스, 매직, 사인펜, 물감 등 여러 가지 재료

(3) 미술치료의 진행

치료사가 다음 작품사례에 소개되는 기법들 중 내담자의 증상에 맞는 기법을 선정하여 진행하도록 한다. 작업 과정 및 결과에 대한 느낌을 치료사 혹은 집단원과 이야기 나눈다.

(4) 작업 후 질문

• 작업하는 과정 중 어떤 느낌이 들었나?

• 생각나는 기억이 있는가?

• 표현하고 싶은 대로 되었나? 어떤 부분이 가장 어려웠나?

• 작업결과가 맘에 드는가? 어떤 부분이 가장 맘에 드는가? 혹은 마음에 들지 않는가?

– 집단에서 실시될 때 추가사항

• 다른 집단원과 비슷한 경험이 있는가?

• 어떤 작품이 가장 맘에 드는가?(지목된 집단원에게 그 느낌을 묻도록 한다.)

• 작품이 제각기 다른 느낌이 드는 이유는 무엇이라고 생각하는가?

• 작품 감상 후 느낌은 어떠한가?

• 다시 작업하고 싶은 생각이 있는가? 있다면 그 이유는 무엇인가?

이 외에 치료 과정의 상황에 맞게 여러 가지 질문을 치료사가 추가하여 해 보도록 한다. 집단에서는 집단원 간에 원활한 피드백을 이룰 수 있도록 치료사가 유도한다.

(5) 작품사례

① 데칼코마니

종이 위에 그림물감을 두껍게 칠하고 반으로 접거나 다른 종이를 덮어 찍어서 대칭적인 무늬를 만드는 회화 기법이다. 물감을 짜는 과정은 욕구를 분출할 수 있도록 하며, 종이를 접어 찍어내어 나오는 결과에 대한 관심과 흥미가 작업에 재미를 더한다. 결과물에서 연상되는 모양이나 느낌들로 이야기를 나눈다.

그림 150) 부채(여/39세)
물감을 짜는 것에 만족감을 보였던 내담자의 작품. 화려한 색채가 무척 마음에 든다고 하며, 모양에서 연상하여 '부채'라는 제목을 붙였다. 제목에서처럼 내담자의 작업 과정 역시 시원하게 느껴진다.

② 물감 뿌리기

물감을 자유롭게 뿌리는 작업. 주로 스트레스를 발산할 때 사용되는 놀이식 기법이다. 그림에서 템포를 느낄 수 있어서 신체 감각을 자극하고, 시각적인 역동성을 느낄 수 있어 활기로움을 준다. 소극적이고 위축된 아동들에게 도움을 주는 작업이다.

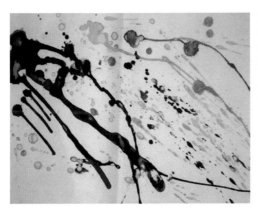

그림 151) 음악(여/10세)
경쾌한 음악이 느껴진 아동은 작품의 제목을 '음악'이라고 붙였다. 자유로운 작업과 시각적으로 움직임이 활발히 느껴지는 작업이어서 아동 역시 활동 내내 즐거움을 보였다.

③ 우드락 본드 그림

우드락 본드로 그림을 그리고 말린 뒤 락카를 뿌리면 멋진 작품이 완성된다. 그림 도구가 아닌 본드로 그림을 그리는 과정은 자유로운 사고를 유도하고, 본드를 짜는 작업은 스트레스를 해소할 수 있도록 도와준다. 작업결과에 대해 흥미와 만족감을 느낄 수 있는 작업이다.

그림 152) 눈사람(여/8세)
가장 좋아하는 동물(호랑이)과 한겨울 눈사람을 만든 작품. 그림처럼 아동의 마음도 즐거워 보였다. 이 활동은 발산작업이지만 흐르는 본드를 조절하며 그려야 한다는 점에서 통제작업이 되기도 한다.

④ 스크래치

크레파스나 유화 물감 따위를 색칠한 위에 다른 색을 덧칠한 다음 송곳, 칼 따위로 긁어서 밑의 바탕색이 나타나도록 하는 기법이다. 크레파스를 사용하는 과정은 조금 힘이 들 수 있지만 긁어내는 활동은 스트레스를 해소하고 작업에 대한 흥미를 갖도록 한다.

그림 153) 스크래치(남/9세)
덧칠하는 과정이 다소 힘들긴 하지만, 긁어내는 과정에서 스트레스를 해소하고 흥미를 느낄 수 있다. 과잉행동을 보이거나 공격성이 있는 아동들의 미술치료 초기에 도움이 되는 활동이다.

⑤ 구슬그림

구슬에 물감을 묻히고, 종이 위에 굴려서 구슬이 굴러가는 방향대로 물감이 묻어 나오도록 하는 기법이다. 상자 안에 종이를 깔고 그 위에 구슬을 굴려 표현한다. 상자를 손으로 흔들어 작업을 하기 때문에 활동적이고 시각적으로도 재미를 더해 준다. 구슬의 개수나 물감, 색상에 따라 다양한 느낌을 줄 수 있다. 그림 그리기에 자신이 없는 유·아동, 소심하거나 위축된 아동들에게 효과적이며, 발산과 동시에 작업에 대해 집중하게 하고 다른 미술활동에도 자극제가 되는 기법이다.

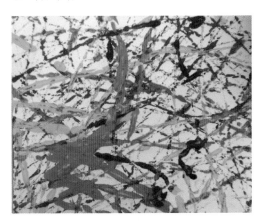

그림 154) 구슬그림(여/7세)
구슬의 크기, 물감의 색상, 구슬을 굴리는 횟수에 따라 다양한 느낌들이 연출된다. 놀이 활동을 통한 미술표현은 아동들의 호기심을 자극하며 역동적으로 활동에 참여하도록 만든다.

⑥ 실 그림

기다란 실에 물감을 묻히고 반을 접은 종이 한 면 위에 자유로운 모양으로 실을 올려놓고 종이를 덮어 찍어 내는 기법이다. 데칼코마니처럼 좌우 대칭의 결과가 나온다. 한 종이에 작업을 여러 번 반복하면 더욱 재미있는 결과가 나오며 작업에 흥미를 느낄 수 있다. 실 굵기에 따라 나타나는 결과도 다르므로 굵기가 다른 실을 준비하도록 한다.

작업결과에서 연상된 형상이나 느낌들을 가지고 많은 이야기를 끌어낼 수 있다.

그림 155) 실 그림(여/7세)
실 그림은 실의 종류와 굵기에 따라 다양한 작업결과가 나온다. 나타난 형상을 이용해 연상되는 다른 형상을 만들어 나갈 수도 있다. 그림을 그리는 것이 아니라 실을 종이에 올려놓으며 완성하기 때문에 그리기에 자신 없는 아동들의 미술활동에 도움이 된다.

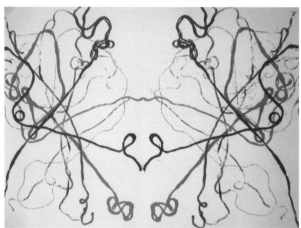

그림 156) 실 그림(여/15세)
타인과의 상호작용에 어려움을 보이는 내담자들에겐 중앙 부분을 이어서 양쪽의 흐름이 단절되지 않고 이어지는 작업으로 유도하는 것이 좋다. 이런 시각적 효과는 정서적으로 영향을 주어 대인관계에 대한 문제를 긍정적으로 변화할 수 있도록 만드는 효과가 있다.
이 작업은 개인 작업뿐 아니라 집단 협동 작업으로도 응용할 수 있다. 이 경우 개개인이 각기 다른 색상과 실을 선택하여 차례로 찍도록 한다. 물을 사용하지 않는 아크릴 물감으로 작업을 하면 번지지 않고 빨리 마를 수 있어 실의 질감이나 특징을 잘 살릴 수 있다.

⑦ 롤러를 이용한 그림 그리기

롤러에 물감을 묻히고 원하는 방향대로 밀어 색상이 나오도록 하는 기법이다. 롤러를 밀 때의 동작이 크고, 근육의 힘도 사용하기 때문에 활동적이고 시각적으로도 시원한 느낌을 주는 작업이다. 스트레스 해소 및 발산작업에 적합하다. 바퀴가 굴러가는 듯한 느낌에서 아동들은 놀이적 체험을 할 수 있다. 자기표현이 어려운 내담자들에게 유용한 프로그램이다.

그림 157) 롤러 그림(여/11세)
대부분의 내담자들은 이 활동이 자신에게 에너지를 느낄 수 있게 만든다고 말한다. 롤러의 움직임에 따른 표현이 화지에 그대로 드러나기 때문에 과정은 매우 역동적이며 시각적으로도 명쾌한 느낌을 준다. 이 작업 역시 집단의 협동 작업으로 활용할 수 있다.

참고문헌

- 단행본 -

김동연 외 편저(2002), HTP와 KHTP심리 진단법, 서울: 동아문화사.

김용태(2003), 가족치료이론, 서울: 학지사.

김진숙(1993), 예술심리치료의 이론과 실제, 서울: 학지사.

대한신경정신의학회편(1997), 신경정신과학, p.705, 서울: 하나의학사.

임승룡 편저(1994), 미술, 서울: 시대기획.

정여주(2002), 미술치료의 이해, 서울: 학지사.

진용일(1993), 심리학 개론, 서울: 동문사.

한국미술치료학회(1994), 미술치료의 이론과 실제, 서울: 동아문화사.

- 역서 -

Charles L. Thompson & Linda B. Rudolph 공저, 천성문 외 공역(2001), 아동상담의 이론
　　과 실제, 시그마프레스, p.122.

Cathy A. Malchiodi, 최재영·김진연 역(2000), 미술치료(The Art therapy sourcebook), 서
　　울: 조형교육.

Ernst Hans Josef Gombrich, 최민 역(1995), 서양미술사, 서울: 열화당 미술선서.

Gisela Schmeer, 정여주·김정애 역(2004), 그림 속의 나(Das Ich im Bild), 서울: 학지사.

Gumaer J. 저, 이재연 역(1987), Counseling and Therapy for Children, 서울: 양서원.

Ingrid Riedel, 정여주 역(2000), 융의 분석심리학에 기초한 미술치료, 서울: 학지사.

Robert Burns, 김상식 역(1998), 동적 집-나무-사람그림검사, 서울: 하나 출판사.

- 학위논문 -

김효진(1996), "정신병환자의 미술표현에 관한 연구"(석사학위청구논문, 숙명여자대학교).

서현희(2000), "지역 정신보건센터를 이용하는 만성정신장애인의 삶의 질에 관한 연구"(석사학위청구논문, 가톨릭대학교).

신연숙(1995), "정신분열증환자의 미술표현 연구"(석사학위청구논문, 서울대학교).

유미(2004), "정신분열증환자의 미술치료와 삶의 질"(석사학위청구논문, 동국대학교).

이수진(2002), "집단미술치료가 정신분열증환자들의 사회생활기술과 대인관계변화에 미치는 효과"(석사학위청구논문, 대구대학교).

이영호(1990), "정신분열증환자의 집단치료가 사회적응에 미치는 영향"(대구대학교 석사학위논문).

최현진(2004), "집단미술치료가 정신분열증환자들의 사회기술향상과 증상완화에 미치는 효과"(석사학위청구논문, 대구가톨릭 대학교), pp.12~19.

- 학술지 -

기정희(1982), "정신분열증환자의 풍경화에 나타나는 특징", 신경정신의학, 21, pp.553-561.

김규수(1994), "정신질환자의 사회복귀를 위한 사회치료", 한국정신의료사회사업학회, 제1집.

노명래, "정신분열증환자의 회화요법 및 회화상 특징", 미술치료연구(1998).

대구광역시 아동 학대 예방 센터(2001), "피학대 아동의 정서안정을 위한 미술치료 서비스."

유미(2008), "예술의 사회적 기여에 관한 국내외 실증사례연구(미술치료부분)-한국문화예술위원회 예술정책연구 협력연구과제", 한국문화예술위원회.

유미·신동근(2005), "만성정신분열증환자의 미술치료와 삶의 질", 용인정신의학보, 제12권 제1호.

- 외국서적 및 논문 참고문헌 -

Kaplan, F. F.(2004), Inner space, Art Therapy: Journal of the American Art Therapy Association, 21(3).

Kris, E.(1952), Psychoanalytic Explorations in Art, New york: Univ. press.

Lidz, Fleck & Cornelison(1965), Schizophrenia and the Family, New York: International Univ. press, Inc.

Lowenfeld, V.(1957), Creative and Mental Growth, pp.38-56, New York: Macmillan.

Lubin, J.(1984), The art of art therapy, New York: Brunner/Mazel.

Marinich J.(1976), Art therapy: Its use in hospital treatment of patient with schizophrenia, Masters Thesis(M.A), Ursuline College.

Moriarty J.(1976), Combining activities and group Schizophrenic, Arts Psychotherapy Vol.2. p.168, New York.

Peterson, P.(2000), Der Therpeut alt Kinstler, Hannover.

Ulman E, Levy. B. I.(1984), An Experimental Approach to the Judgement of Psychopathology from Painting, Journal of Art Therapy Vol.23. p.49, New York.

Wadeson H.(1980), Art psychotherapy, New York: John Wiley & Son.

유 미(미술치료전문가)

경희대학교 사범대학 미술교육학과 졸업
동국대학교 문화예술대학원 예술치료학과 졸업(미술치료전공-예술치료학 석사)
경희대학교 일반대학원 사학과 박사과정수료(미술사전공)
독일 드레스덴 미술치료대학원 Kunstetherapie mackenspie 과정 수료
독일 Artaban Kunstetherapie Schule 인지학 미술치료과정 수료
한라그룹 홍보실
갤러리 프란스 인 큐레이터
더리미 미술관 학예사 겸 문화센터 강사
서울시립 용인정신병원 미술치료 임상실습
서울시립아동복지센터 미술치료사
새 중앙아동발달센터 미술치료사
황원준 신경정신과 미술치료사
경기대학교, 용인 송담대학교, 단국대학교, 홍익대학교 미술교육원 강사 역임
경기도 제2청사 여성문화기획과정 출강
대한임상미술치료학회 임상수련교육과정 강사 역임
용인시 정신보건센터 미술치료사
특수분야 교사직무연수 출강(미술치료)
현) 아트포미미술치료연구소장
　　경희사이버대학교 외래교수
　　성균관대학교 겸임교수
　　한국정신건강미술학회 부회장
　　한국임상모래놀이학회 이사
　　한국통합예술치유진흥회 이사
　　한국조형교육학회 정회원

〈주요 연구실적〉
독일 프뢰벨 특수학교 미술치료프로젝트 참가(동서의 만남)
장애아동 미술치료 피크닉 행사
다문화 가족 미술치료 피크닉 행사
정신 그 내면의 세계-경기도 4개 시 정신장애인 미술품 순회전시(2007, 전시기획)
탄생에서 죽음까지-더리미 미술관(2008, 전시기획)
상여가는 길(전통 장례문화 재현), 허수아비전-더리미 미술관(2008, 전시기획)
더리미 미술관 청소년 도예전(전시기획)
더리미 미술관 실버 도예전 (전시기획)

〈주요 논저〉
「미술치료와 삶의 질」
「만성정신분열증환자의 미술치료와 삶의 질」
「커뮤니케이션 매체로서의 미술」
「만성정신분열증환자의 미술치료 임상사례-집단미술치료과정에 따른 작품변화를 중심으로」
「미술작품 속에 보이는 자아방어기제」
「미술치료실증사례연구-미술치료의 사회적 기여도에 관한 연구」
「정신보건센터에서의 미술치료 임상사례-풍경구성법의 변화를 중심으로」
『현장적용을 위한 미술치료의 이해』
『(개정판) 현장적용을 위한 미술치료의 이해』
『정신분열증 환자의 미술치료와 삶의 질』

현장적용을 위한
미술치료 프로그램과 진행

초판발행 2010년 7월 29일
초판 6쇄 2020년 2월 10일

지은이 유 미
펴낸이 채종준
기 획 이주은
마케팅 김봉환
아트디렉터 양은정
표지디자인 장선희

펴낸곳 한국학술정보(주)
주소 경기도 파주시 회동길 230 (문발동)
전화 031 908 3181(대표)
팩스 031 908 3189
홈페이지 http://ebook.kstudy.com
E-mail 출판사업부 publish@kstudy.com
등록 제일산-115호(2000. 6. 19)

ISBN 978-89-268-1225-9 93180 (Paper Book)
       978-89-268-1226-6 98180 (e-Book)